中华先贤人物故事汇

商鞅

王向辉 著

中华书局

图书在版编目(CIP)数据

商鞅/王向辉著. —北京:中华书局,2020.11(2024.5重印)
(中华先贤人物故事汇)
ISBN 978-7-101-14465-9

Ⅰ.商… Ⅱ.王… Ⅲ.商鞅(前390~前338)–生平事迹
Ⅳ.B226.2

中国版本图书馆 CIP 数据核字(2020)第 047138 号

书　　名	商　鞅	
著　　者	王向辉	
丛 书 名	中华先贤人物故事汇	
责任编辑	傅　可　董邦冠	
责任印制	管　斌	
出版发行	中华书局	
	（北京市丰台区太平桥西里 38 号　100073）	
	http://www.zhbc.com.cn	
	E-mail:zhbc@zhbc.com.cn	
印　　刷	三河市宏达印刷有限公司	
版　　次	2020 年 11 月第 1 版	
	2024 年 5 月第 6 次印刷	
规　　格	开本/787×1092 毫米　1/32	
	印张 4⅝　插页 2　字数 50 千字	
印　　数	15001–18000 册	
国际书号	ISBN 978-7-101-14465-9	
定　　价	20.00 元	

出版说明

　　孔子周游列国，创立儒家学说；张骞出使西域，开辟丝绸之路；书圣王羲之，留下了曲水流觞的佳话；诗仙李白，写下了"举头望明月，低头思故乡"的名篇；王安石为纠正时弊，推行变法；李时珍广集博采，躬亲实践，编撰医药学名著《本草纲目》……

　　这些杰出的历史人物，有的是在中华民族文明进程中做出过突出贡献、对后世产生过巨大影响的思想家、政治家，有的是对中华优秀传统文化的传承传播发挥过重大作用的文学家、艺术家、科学家，有的是为国家安定统一、民族融合团结和中外文化交流做出过杰出贡献的军事家、外交家……他们为中华民族的繁荣发展做出了伟大的贡献，他们的行为事迹、风范品格为当世楷模，并垂范后世。

他们是中华民族的先贤人物。他们的思想、品德、事迹，是中华优秀传统文化的结晶；他们的故事，是对中华民族的禀赋、特点和气质最生动、最鲜活的阐释；他们的名字，在五千年中华文明史上最为光彩夺目；他们为五千年中华文明史书写了最为光辉灿烂的篇章。

为了解先贤，走近先贤，我们精心组织编写了这套《中华先贤人物故事汇》丛书。以翔实可靠的史料为依据，以细腻动人的故事为载体，真实地呈现中华先贤人物的事迹、品格和精神风貌，彰显他们的贡献和功绩，以激发人们对国家民族的热爱，对中华文明、中华优秀传统文化的崇敬。

开卷有益，期待这套丛书成为你的良师益友。

目 录

导　读

　　商鞅（约前395—前338），战国时期著名的政治改革家、思想家，是战国时期诸子百家中法家的代表人物。商鞅本是卫人，又称卫鞅、公孙鞅，因被秦孝公封采邑于商地，因此也被称为商君。《史记》有《商君列传》记载其人、其事。

　　商鞅本来是魏相公叔痤府中的中庶子（战国时国君、太子、国相的侍从），公叔痤临死时曾在魏惠王面前大力举荐他，但惠王不以为意。公元前361年，商鞅在看到秦孝公的求贤令之后，前往秦国，通过秦公宠臣景监的推荐与秦公数次会面，畅谈变法强秦的大计，得到了秦孝公的信任与赏识。商鞅在御前廷议中与以甘龙、杜挚为首的保守派进行了激烈的交锋，最后被秦孝公任命为左庶长，主持秦国的变法。商鞅徙木立信，渭水杀囚，处罚公子虔和公孙贾，在秦国积极推行以富国强兵为目标的变法运动。商鞅以法家思想为指导，系统深入地改革了秦国户籍、军功爵位、土地税收、度量衡等制度，并推行县制，移风易俗，制定了严酷的法律。经过十八年的变法革新，秦国最终成为战国中后期最有实力的强国，为其后来统一六国奠定了坚实的基础。

商鞅是我国历史上著名的政治改革家，虽然最终死于非命，成为一位悲剧性人物，但商鞅变法却震古烁今，影响深远。

潜龙在魏

战国时有齐、楚、燕、韩、赵、魏、秦七个主要国家，并称"七雄"，七雄彼此征战，谋求国富军强成为各个国家的头等大事。魏国用李悝、吴起推行变法，成为战国首霸。与此同时，其他国家也紧随魏国变法图强的脚步，开始跃跃欲试。

公元前361年的大梁城，商贾车马辐辏，行人川流不息，魏国的国都，繁华而充满喧嚣。作为七雄中最强大的魏国国君，魏惠王踌躇满志，只是此刻，处理完几案上如山简牍的惠王多少有些疲倦，不禁打了个哈欠，伸了伸懒腰，宫中刻漏的滴答之声在寂静的时刻倍加清楚，惠王寻思着时间已经很晚了，欲解衣就寝。

忽然，一名侍从惊慌失措地趋步而来，急急禀告：“大王，相国病重，刚才府中传过话来，怕是不行了。”

“什么，相国不行了？”惠王脑中轰的一声，身子晃了一晃，“前几天不是说病情有所好转吗？”

侍从大气也不敢出：“刚才相国府传话，也不知怎么的，昨日病情又加重了。”

惠王深知相国公叔痤不仅是自己的王叔，更是自己能够掌权登位的大恩人。魏惠王之父魏武侯生前对储君人选一直犹豫不决，其时惠王还叫公子罃（yīng），他有个弟弟唤作公子缓，公子缓虽然只是魏武侯的庶子，但在国内颇得人心，更与赵国的国君赵成侯、韩国国君韩懿侯阴谋勾结，为争夺王储之位筹谋良久，而掌握枢机的公叔痤站在了公子罃一边。在魏武侯病死之后，公子缓与公子罃争立为王，最后闹得兵戎相见，有赖公叔痤力挽狂澜，统帅魏军大挫赵、韩联军，才使公子罃登上了这得之不易的王位。此后，公叔痤担任相国，政事事必躬亲，夙夜不懈为国效力，这些年来，一直是惠王信赖有加的股肱重臣。如今听说相国命在旦夕，惠王不由得心乱如麻，急忙吩咐侍从速备车马，赶去相国府。

初冬的深夜略带寒意，惠王的内心却如坠冰窟，一路忐忑不安。好在王宫与相国府距离不远，不一时车驾就到了府邸门外，待人急忙传话进去，相国府大门洞开，数十名府中侍从恭恭敬敬出门迎接，为首的带相国府众人给惠王行礼，惠王急急摆手道："都什么时候了，免了免了，快带寡人去见相国。"

相国府寝室内的灯火黯淡而昏黄，公叔痤奄奄一息地靠在病榻之上，颤巍巍地咳嗽了几声，有气无力。惠王进得门来，看到公叔痤病容深重，顿时升起关切之心。公叔痤挣扎着想起身行礼，却没有丝毫力气，惠王大步走到病榻前，一把抓住公叔痤的左手道："相国，切莫起身，且躺好了。"

公叔痤长出一口气，眼神无力，"大王，我怕是不行了"。

惠王心中凄然，宽慰道："相国哪里话来，还是好好养病，过几日就会好了，我还要与相国商讨军国大计。"

公叔痤又喘了口气，颇为吃力道："人生一世不过过眼云烟，难得大王如此倚重，如今我油尽灯枯，命不久矣，可惜我王霸业未成，我这一走，实在对不起先王和您的殷殷厚望。"

惠王攥着公叔痤颤抖的手，但觉脉息微弱，心里明白，相国怕是熬不了太久了，不忍道："相国安心，寡人已安排宫中疾医即刻前来诊治。"

公叔痤摇了摇头，无奈惆怅道："生死本是平常之事，只是我去之后，不知大王意用何人秉国政、掌朝纲，与六国争雄？"

惠王一愣，旋即明白公叔痤这是将有大计相托，想到公叔痤一死，朝中顿失栋梁，自己正感到彷徨无措，如今相国似是早有打算，不由转忧为喜道："相国之意，莫非心中已有合适人选了？"

公叔痤顿了顿，对坐在身边的惠王徐徐道："我府上有一中庶子名叫公孙鞅，虽然年岁不大，却是个难得的人才，大王如果要称霸诸侯、匡扶天下，一定要重用他，最好是让他代我出任相国！"

惠王原以为公叔痤说出的会是朝中的某位大

臣，或是颇得人心的某个王族贵胄，不成想，相国举荐的竟是个从未听过名字的相国府里的中庶子，不禁有些愕然。

公叔痤急促咳嗽起来，猛地一把抓紧惠王的手，道："大王，公孙鞅乃是卫国的落魄公子，自幼修习法家学说，在我府邸虽然时间不长，但多有智谋，比之我朝变法的大臣李悝、吴起，也不为过。"

惠王闻之一惊："相国，我想起浍北战后，你帅军擒获赵国大将乐祚，得胜归来，却不愿得受封赏，将功劳归于早已离开魏国的吴起将军和全体将士，可谓高风亮节，只是吴起早已身死楚国，李悝（kuī）也病逝许久，而如今，如今相国……"惠王心中不解，叹口气继续道："相国去后，朝中的诸位大臣、王族亲贵中可有能接替相国之位的？"

"没有。"公叔痤摇了摇头，这两个字回答得颇为沉重而无奈，他见惠王并未追问公孙鞅之事，不由升起几分失望之意，心中顿时充满愧疚与懊悔，心潮变得起伏不定，不由痛苦得呻吟起来。

惠王无措至极，只得言语宽慰，让公叔痤好生休息，准备起身回宫。

公叔痤急对陪侍一侧的家人、侍从挥手，"你们暂且退下，容我和大王闲语几句"。

众人应命退下，公叔痤强打精神，在病榻上起了起身子，对惠王郑重其事道："如大王不用公孙鞅，切记要除掉他，千万不要让他离开魏国，如果让他跑到别的国家，恐怕对魏国贻害无穷。"

惠王一怔，连连点头："相国放心，我知晓了。"

公叔痤见惠王言辞虚与委蛇，心中更觉失望，嘴张了几张，终未再开口。

惠王又安慰几句，嘱咐公叔痤好生歇息，便起身离开。

魏惠王走出公叔痤寝室，身边的侍从近前小心翼翼道："大王，相国今晚所说的公孙鞅，是否要在明日清早叫来宫中问话？"

惠王一愣，寻思良久道："唉，去年少梁之战，相国被秦人捉住，虽然最后被放了回来，但这一年看样子是失了心智，竟然糊涂到让我重用他的一个什么中庶子，这么大一个魏国，人才济济，岂

魏惠王走后，公孙鞅来见公叔痤。

能用这等无名之辈？不去理他就是了！"

侍从诺了一声，不再言语。

惠王打道回宫，而此时公叔痤寝室之内的火烛并未熄灭。

一个少年模样的男子跟随侍从走进寝室，此时夜更深沉，万籁俱寂，这少年男子仪表不凡，器宇轩昂，他走到公叔痤病榻前拱手行礼，轻声道："相国，公孙鞅来看你了。"

公叔痤微微睁开闭着的双目，费劲探了一下身子，招呼公孙鞅坐到自己身边。

公叔痤对公孙鞅无力地叹了口气："这么晚招你前来，实在是今日做了件有愧于你的事，内心深感不安。"

公孙鞅笑道："相国这几年对我照顾有加，何曾有愧于我，此时相国病重，当好生将养，切莫胡思乱想，伤了心神。"

公叔痤摆手道："我知我也就是这一两天的日子了，人世一遭，本也没有什么遗憾，只是有点后悔今天在大王面前说起了你的名字。"

公孙鞅一惊，道："相国说到了我，我一个无名小辈……"

公叔痤不以为然："我向大王举荐，由你接替我秉政为相，大王却装聋作哑，于是我只得向大王献计，要将你悄悄除掉。大王已经答应要杀死你了。"

公孙鞅闻言镇定自若，沉吟道："相国在大王面前举荐我，对我是有大恩，而让大王除掉我，也是身居相国大位为国筹谋，相国先公后私并无过错，无须内疚。"

公叔痤摇摇头，叹了口气："想我公叔痤一生为魏国殚精竭虑，临死之际，举贤不避亲，先君而后臣，也是个人职责所在，道义使然。只是这样做很对不住你，你还是早点逃走吧，明天一早就离开大梁，不要白白掉了脑袋。"

公孙鞅并不畏惧，缓言道："相国多虑了，我还是在府中照顾您为好，不必逃。"

公叔痤一愣，奇道："你不怕死吗？你有一身才干，满心抱负，岂可在这里白白丢了性命！"

公孙鞅知公叔痤是一番好意，不由起身踱步，缓缓在这寝室之内走了一圈，似是在思考，而后说道："所谓士为知己者死，相国待我不薄，相国病重，我岂能一走了之。何况大王自然不会杀我，我又何必要跑？"

公叔痤说话早已没有多少气力，听言气道："大王答应我要除掉你，他是一国之君，既决定不重用于你，怎会不取你性命？"

公孙鞅看着此时窗外夜空的月牙高悬，转身对公叔痤说道："大王刚愎自用，他既然不会听您的举荐重用我，又岂会听您的意见来杀我呢。"

公叔痤顿时怔住了，寝室中又传来一阵急促的咳嗽之声。

天道西北

大梁城的郊外，有一"圃田泽"，是一块方圆三百里的巨大湖泊湿地，这是魏惠王迁都大梁之后，特意引黄河水南下，发动人力挖掘而成。就在圃田泽的水岸之畔，郁郁葱葱的林木之中，有一间茅屋，简陋古朴。

这天黄昏时分，茅屋之内有一老者的声音传出："公孙鞅，你觉得继续待在魏国还有建功立业的希望吗？"

公孙鞅长叹口气："老师，魏国是七国的霸主，当今的魏王虽然没有他祖父及父亲的气度胸襟，但也不失为一代雄主，我不是想待在这里，只是不知晓哪里还有比在魏国可以更好施展本领的地方。"

这老者唤作尸佼，生得慈眉善目，神态祥和。尸佼来自鲁国，鲁国虽然是周公长子伯禽的封国，是大周开国时就有的东土封邦，但此时的鲁国已经衰落得不成样了。尸佼早年就来到了魏国，在大梁城圃田泽的这片树林中开了一处学馆，公孙鞅便是他的学生。

"自井中视星，所见不过数星。"尸佼意味深长道，"你一身本领，总不能碌碌无为地继续做相国府的中庶子吧?"

公孙鞅沉吟片刻，缓缓说道："相国待我恩厚，如今他虽然病笃，但一息尚存，我总不好此刻弃他而去。"

尸佼大笑："士为知己者死，本无大错，但你所学的刑名之学乃是治国根本，魏王鼠目寸光，你岂能吊死在这一棵树上?"

"公孙鞅，你忘了我告诉你的治国之本了么?"尸佼问道。

公孙鞅一愣："老师是说求贤之道?"

"不错"，尸佼点点头，"凡治之道，莫如因智，智之道，莫如因贤，你觉得魏王如今这般待你，魏国还有什么前途？"

"魏王不是不任贤使能，布衣庞涓、龙贾诸人就是因训练武卒有功得到的爵位。"公孙鞅认真道。

"魏王也算任贤使能，可只愿意擢拔军事人才，而且也基本是在自己当太子之时的亲信之中选拔，如所信重的公叔痤、公子卬（áng）这些都是王公亲贵，庞涓、龙贾，也都是在旧日太子时期小圈子的人马，如今执掌国家，还坐井观天，实在是格局狭隘，如果以出身论英雄，那当年齐桓公怎会得到有射钩之仇的管仲辅佐，商汤岂能以布衣庖厨伊尹为相，而齐国又怎会称霸，商朝当如何灭夏呢？"尸佼对公孙鞅的解释不以为然。

"可是哪里有大格局的大王呢？魏国的霸主地位，谁又能轻易撼动？"公孙鞅无可奈何道。

"世间万物，总有变化，你先说说你对如今诸国变法争强的看法！"尸佼似乎是在考察公孙鞅。

"如今齐国桓公（田氏代齐后的一个齐国君主）初设稷下学宫，致力于招募人才，可惜还是重用亲族。楚宣王一方面坚持休兵息民，保存实力，另一方面则洞察形势，积极对周边小国鲸吞蚕食，开拓楚国的疆域，外事有功而内政乏善可陈。韩国新君韩昭侯即位不久，国内目前也是政治混乱，朝令夕改，群臣吏民仍无所适从。而赵国的赵成侯时而投靠魏王，时而交好韩国，首鼠两端。韩、赵与魏三家共同脱胎于晋国，一母同胞，犬牙相错，魏国经变法而富强，执天下牛耳，韩、赵一时间自然很难有所作为。我的母国卫国，老师的母国鲁国，在这七雄环伺的大争之世，不过是待宰羔羊。环顾列强，能够与魏王争锋天下的，一时间还没有出现，我以为以后可与魏国一争的当是齐、楚这等强国，韩、赵只能给魏君制造些麻烦罢了。"

公孙鞅对天下大势分析得头头是道，有赖于这些年他跟随公叔痤，深度参与魏国的军政决策，熟悉各国的人事组织及政治事务。

尸佼叹了口气："为师曾经告诉过你，学习之道，贵在慧眼创新，不可因循守旧，不知变通，做人做事必须遵循大道，从道必吉，反道必凶，你可记得？"

公孙鞅拱手应答："恩师所言，岂敢忘记？"

尸佼放下手中所持的简册，缓缓踱步："举凡草木无有大小，必待春而后生。你自己的功名荣辱，不能浑浑噩噩，而应该有所求、有所动。"

"这个我明白，只是恩师觉得我如要离开魏国，寻找时机，是去齐国，还是去楚国？"

尸佼不置可否："我们刑名之学讲求非先王之法，不循孔子之术，齐国虽有太公、管仲，但毕竟浸淫孔子道统百年，更化不易，楚国国力目前虽然有所上升，但楚国卿族勋贵势力太过强大，吴起在楚国变法，最后只落得个客死异乡的悲惨结果，对你这求建功立业之人，楚国算是大凶之地。"

"那恩师的意思？"公孙鞅有些好奇。

尸佼指了指窗外的晚霞，道："日落时分，晚霞最美，晚霞为西，你一路向西，有何不可？"

"向西？恩师是说秦国？"公孙鞅有点惊奇。

"不错"，尸佼一本正经道："中原的西方便是秦国。"

"前年他们的国君献公刚刚病死，石门之战，秦国击败魏国久经训练的精锐武卒，斩首六万，少梁之战，我曾随公叔痤在前线督师，结果公叔痤不听我的劝告，轻敌冒进，结果被秦军俘虏，好在不久得以安然归国"，公孙鞅说着说着心中更觉惶恐不安，"去秦国，这是魏国的敌国，公叔痤与我有恩，到秦国，让我情何以堪？"

"情何以堪？"尸佼大笑道，"你有没有想过公叔痤的为人？"

"相国的为人？相国待我不薄，在国内也是中流砥柱的国之干城。"公孙鞅颇为不解。

"国之干城不假，可是这种人以德行欺世，心胸狭隘，实在是一只阴险的狐狸。"尸佼露出几分轻蔑与不屑。

"恩师为何如此说相国，我在他门下，他举贤不避亲，而且先君后臣，可谓为国尽忠职守，相国曾大败韩、赵联军，而不受魏王封赏，又在西河抵挡秦国东侵多年，相国虽无吴起的才干，但也是魏国德高望重之人。"公孙鞅据理力争。

"公叔痤是心机深重，欺世盗名之徒。"尸佼撂了一句。

"此话何意？"公孙鞅大为疑惑。

"你是当局者迷啊"，尸佼拍了拍公孙鞅的肩膀，"吴起当年出走楚国，乃是因为魏武侯中了公叔痤的计策，可谓是被公叔痤逼走的。你想想，不逼走吴起，一个靠与王族公主联姻的平庸的公叔痤岂能当上魏国相国？浍北大战之后，公叔痤辞谢国君封赏，并把军功归于吴起对西河武卒的多年苦心经营，从而受到魏王数十万亩土地的封赏，做的可谓是八面玲珑，就连他在国君面前举荐你，也是在他油尽灯枯的时候。你入他幕下也有些日子了，却一直担任中庶子这等教育子弟的闲散职官，他重视你的建议，却从不委你重要的官职，油尽灯枯之际，才把你推荐给国君，既保住了自己生前的富贵荣华，又赢得了身后的君子名声，实在是厉害得很，狡猾得很！"

公孙鞅听得目瞪口呆，半晌不语，只是暗自思忖："相国难道真是为了他的位子？"

"公叔痤身为贵族，做事不择手段，因此方有今日的成就，而你一介布衣，如今大争之世，做大事难道还要贪图名声？"

两人正说话间，忽然门外跌跌撞撞闯入一个学生模样的人："不好了，刚刚得到王宫传来的消息，公叔痤病死了。"

"相国死了？"公孙鞅心中大悲。

"真的，千真万确。"来人肯定道。

公孙鞅长叹一口气，想到公叔痤对自己的知遇之恩，不禁充满伤感唏嘘之意。

"你看这是什么？"尸佼转身从几案上拿起一枚简册，递给公孙鞅。

公孙鞅伸手接过，展开仔细端瞧，只见上面写道：

> 昔我穆公，自岐雍之间，修德行武，东平晋乱，以河为界，西霸戎翟，广地千里，天子致伯，诸侯毕贺，为后世开业，甚光美。会往者厉、躁、简公、出子之不宁，国家内忧，未遑外事。三晋攻夺我先君河西地，诸侯卑秦，丑莫大焉。献公即位，镇抚边境，徙治栎阳，且欲东伐，复穆公之故地，修穆公之政令。寡人思念先君之意，常痛于心，宾客群臣有能出奇计强秦者，吾且尊官，与之分土。

"这是……"公孙鞅愣了一下，继续念道：

"宾客群臣有能出奇计强秦者，吾且尊官，与之分土。"念着这句，不由心中大震。

"这是当今秦公最近颁布的求贤令。"尸佼一板一眼道。

"秦公，秦国？"公孙鞅默默念叨。

秦公是伯益之后，周孝王时期，秦国首领非子善于养马，被周天子封于汧渭之地；秦襄公时期，因护驾周平王东迁有功，秦国得以立国；秦穆公之时，致力在西陲发展，灭国十二，拓地千里，穆公本人更被称为"春秋霸主"。战国初年，在秦厉公、躁公、简公、出子几位国君的统治时期，秦国内政混乱，政治腐败，黄河以西的大片土地被强大起来的魏国侵占殆尽，秦献公当政之后，为富国强兵，对抗强魏，把秦国国都从雍东迁到栎阳。秦献公推行变法，秦国开始崛起，公元前364年的石门之战中，秦军斩首魏军六万，是为战国时秦对东方强国魏的第一次胜利。秦献公二十三年（前362），秦国又利用魏国与韩、赵大战无暇西顾之机，试图夺取河西，派庶长国为将，在少梁大败魏军，公叔痤就是在此战中被秦军俘虏的。

"少梁之战，秦国俘虏了相国，秦献公最终把相国送回，不想相国因战败被俘之事心中郁郁，归国之后就一病不起，直到今日。"公孙鞅不由叹息道。

"秦献公也在这场战役中受伤，不久就病死了。少梁之战，秦魏可谓是两败俱伤啊。"尸佼也一声叹息。

"听闻新即位的秦公唤作渠梁，是献公的次子，刚二十岁。西边传来的消息说，这新秦公已经发布政令，要对秦国百姓广施恩惠，吊贫问孤，积极军备，看样子是准备替秦献公报仇，要继续找魏国的麻烦。"尸佼一边说着一边合上公孙鞅递回来的秦公求贤令的简册。

"因此，我觉得你不妨去秦国试试运气。"尸佼给公孙鞅提议。

公孙鞅一愣，在这以前，他真没有想过要去秦国寻找机会。

他不由想起秦国有个故人景监。这景监本是楚国人，因为家道中落，一度流落在卫国，公孙鞅研习刑名之学时，常与他在一起游乐，如今一别多年，听闻景监后来去了秦国，前几年已经是秦献公的大臣，如去秦国，他倒是条门路。

"秦人有彪悍之风，部族与犬戎融合混战数百年，血性不减，秦国所占据的又是昔日宗周的旧地，虽浸润周礼而不循规蹈矩，穆公当年求贤若渴，因此也称霸一时，新秦公如今穷则思变，亟须富国强兵，你一身本领，只要有合适的机会，也许可以在秦国一展所长。"尸佼看了眼窗外，捋了捋胡须，继续道，"秦国虽然遥远、荒僻，但正因为荒僻，才适合你这等布衣之士白手起家，建功立业啊。"

晋国的董叔曾经说"天道多在西北"，虽是说星象，也可能是人事。"也许秦国真是我的天意所归？"公孙鞅在心中喃喃自语。

"你不妨先去看看机会，为师随后便来，与你在秦国并肩干一番事业。如何？"尸佼充满自信道。

公孙鞅、尸佼相视而笑。一束余晖映进屋内，顿时将整个茅舍点亮了。

投石问路

料理完公叔痤的丧事，公孙鞅收拾行囊拜别尸佼，一路向西直奔秦国。

进入秦都栎阳之后，公孙鞅打听到景监果然在秦国，更令他兴奋的是，这景监如今是新秦公的宠臣。次日大早，公孙鞅穿戴整齐，便到景监府邸投书拜访。

待侍从通报后，景监急匆匆地出来迎接公孙鞅。

景监与公孙鞅年纪相仿，生的是憨厚英武，走路更是虎虎生风。

"公孙兄远道而来，实在不胜欣喜，今日兄来到秦国，定要与我痛饮一番。"景监一直是一个讲义气、重旧情之人。

公孙鞅拱手施礼，两人携手入得庭院。在大堂几案前宾主坐定，一阵寒暄过后，言归正题。

"听闻公孙兄于魏国担任公叔痤座下的中庶子，颇受魏相恩宠，如今是什么风把你吹到秦国这荒僻之地了？"景监有点好奇。

"实不相瞒，我此次来秦，是投奔老兄来了。"公孙鞅也不隐瞒，将公叔痤病死，自己看到秦公求贤令，想到秦国一试身手的心思和盘托出。

"只是我与秦公素昧平生，如能得兄引荐，实在是不胜感激。"公孙鞅开门见山。

这景监深知公孙鞅是个人才，如今他虽是一介布衣，但两人同游之时已见识其气象不凡，其后景监到秦国试运气，公孙鞅则到魏国找机会。如今公孙鞅来到秦国，有求于他，自己岂能袖手旁观。何况为国选才，也是责无旁贷，就是公孙鞅不主动找上门来，自己还正琢磨着如何给秦公搜罗人才呢。想到此处，景监不由哈哈大笑："公孙兄能来秦国，自然是相信我景监，公孙兄的事，就是我的事，明日我在君上面前为兄说说，希望兄与君上能见上一面。"

景监看了眼丰神俊秀的公孙鞅，笑道："牵线搭桥的事我帮你办妥，至于是否能够得到君上的赏识，那就要看公孙兄的了。"

公孙鞅哈哈大笑，两人促膝而谈，夜半方散。没过几天，景监就带来消息，秦公要与公孙鞅见面一谈。

栎阳王城大殿，一派庄严肃穆，殿堂当中黑色的几案，公孙鞅看了看在自己对面踞坐的秦君，但见他约二十开外，相貌雄俊，眉宇开阔，凛然之中有一种英武之气，又不乏谦逊之风。

秦公清了清嗓子，开口问道："先生何人，来自东方哪国？不知先生与景监是什么关系？"

公孙鞅起身行礼，不卑不亢道："在下公孙鞅，本是卫国子民，曾于魏相公叔痤门下担任中庶子，因此来自魏都大梁，景监为君上之臣，与我乃是昔日旧识。"

"景监在孤面前称赞先生是治国大才，孤今日请先生前来，就是想听听先生的治国高论。"秦公的姿态颇是诚恳。

商鞅初见秦孝公，主张以无为之道为治国纲领，秦孝公大失所望。

"治大国若烹小鲜，乃是黄帝治国之道。"公孙鞅开门见山而意味深长。

"黄帝乃是远古圣王，黄帝之道举重若轻，先生以为黄帝之道可以强秦？"秦公似乎来了兴趣。

"黄帝之道，崇尚清静无为，允执其中，乃至高大道。"

"哦。"秦公不置可否。

"君上可知黄帝神游华胥国的故事？"公孙鞅循循善诱。

"神游华胥？"秦公颇有些茫然。

"当年黄帝梦游华胥天国。其国没有君主首领，一切效法自然，老百姓对生死之事没有欢喜忧愁，家中没有个人私财，是鸡犬之声相闻、老死不相往来的安逸情形，传闻黄帝因此得到启发，历经二十八年的无为而治，最终达到了天下大治。"公孙鞅信手拈来，侃侃而谈。

"难道这样就天下大治了？"秦公似乎有些不以为然。

"不错，天下无为而无不为，此后尧、舜王位禅让，皆用此道，如果君上要实现大秦国富兵强，再现先祖穆公的鼎盛辉煌，黄帝之道当是最好的治国之道。"公孙鞅引经据典，娓娓道来。

"嗯。"秦公依然不置可否。

公孙鞅不以为意，他列举尧、舜的治国纲目，他口若悬河，神采飞扬，绵绵不绝。

秦公开始还耐着性子聆听，过了一会，似乎有些不耐烦了，竟然打起盹来。

公孙鞅毫不顾忌地讲着尧天舜日的盛景，忽然听到对面传来了轻轻的鼾声，只见秦公手拄着几案，竟自睡着了。

这次会面就在这种氛围中结束了。

公孙鞅回到传舍，顾不上歇息，在馆外一隅一边踱步，一边笑而不语。

景监急匆匆走来，满脸的怒气，冲公孙鞅嚷道："公孙鞅，你胡言乱语什么，君上如今正要做变革，强秦国，你却讲什么清静无为，黄帝尧舜的无为之术，亏我在君上面前举荐你大才盖世，今天你让我这张老脸丢大了！"

公孙鞅大笑："鞅怎敢让兄丢脸，今日君上召见，我讲黄帝尧舜，不过是试他一试。"

"试他一试？"景监既愤怒又愕然，"公孙鞅，他是大秦国君，你竟然要试他？把君上的召见视作儿戏？未免太过分了！"说到激动处，景监气得直跺脚。

公孙鞅安慰景监道："兄不要生气，所谓良禽择木而栖，忠臣择主而事，我一介布衣，又是来自大秦的敌国，自然要先明白君上的决心，才好做决定。"

公孙鞅拍了拍景监的肩膀，"好人做到底，你还是要再帮我一次！"

"再帮你？"景监不解。

"帮我在你家君上面前说几句好话，安排我和秦公再见一面。"

"什么，你！"景监惊得舌头都不顺溜了。

"你还要见君上，你不是把我架到火上烤么？"景监没好气地摇头。

"老朋友嘛，况且你不是要为国选材？"公孙鞅说得诚恳。

"君上日理万机，一是因为你来自强魏，又是魏相公叔痤的中庶子，身份特殊，二是我极力美言，君上求贤若渴，方才安排了今日的召见。不想今日你一番言论，已经令君上颇为失望，如何才肯让他再次召见你？"景监颇有些为难。

"你不妨说我公孙鞅通晓强秦的秘术，这次黄帝之道，不过是一个引子，其实我对黄帝之道本是外行，强秦之道才是内行，希望君上能够再次拨冗一见。"

景监沉默了一阵，道："我不知道君上听了你这话会是什么反应，我就勉为其难一次吧。"

"你是秦公心腹，第一次君上召见我是他有求贤若渴的公心，再召见我，自然是试验君上与兄之间的君臣之情了，我以为君上想必还是会给兄几分薄面，正好兄也可借此机会试探一下自己在君上面前到底是有多大的分量。"公孙鞅附在景监身边低声言语。

过了五日，景监带来消息，秦公同意再与公孙鞅相见。

晚霞夕照，斑驳的光线映射进大殿中髹漆彩绘，雕刻玄鸟的廊柱。黑色的蒲席之上，秦公与公孙鞅对坐东西两侧，秦公谦逊道："先生上次教我黄帝之道，我回去思索良久，只觉上古渺茫，所传道术冥冥不可知晓，听闻先生讲黄帝之道，只是个引子，不知先生认为秦国若要强大，最好的办法是什么？"

"君上所问，怀有迫切的强国之志，我以为秦国可行王道。"公孙鞅胸有成竹道。

"王道？"秦公一愣。

"不错，也就是商汤、周文王、武王的治国之道。"公孙鞅煞有介事地回答。

"先生所说的王道，莫非是孟夫子所秉持的治国之术？"秦公有些不以为然。

"孟子所言，正是此道，王道以仁义为先，人之初、性本善，只要君上仁者爱人，大行善政，在秦国以不忍之心行不忍之政，假以数年，秦军自是王者之师、仁义之师，所向披靡。所过之处，皆是齐、楚、燕、韩、赵、魏百姓箪食壶浆以迎秦师。"公孙鞅讲得头头是道。

"如今大争之世，列国杀伐争夺，你死我活，如何有时间广兴教化，推行仁义道德？这种强国之术只怕是持方枘以纳圆凿，不合时宜吧。"秦公摇头。

"这倒不然，只要君上秉持仁爱之心，与百姓同甘共苦……"

"先生且回去歇息，容我好好想想。"秦公颇有些困倦，摆摆手打断了公孙鞅的话，"今日我有些累了。"

公孙鞅稽首，默默退下，出了大殿，看着即将坠落的金乌，不由自言自语道："不想秦国地处西陲，历来荒凉，却也有如此的美景。"

不多时，景监急匆匆走来，没好气道："公孙鞅，你又害我！"

公孙鞅安慰景监道："无妨，无妨。"

"无妨，你又耍我，适才秦公斥责我办事不力，浪费时间，说我举荐的人言辞浮夸，不堪大用。"

"你还是早点离开秦国，另谋高就吧。"景监愁眉苦脸地叹气。

公孙鞅哈哈大笑道："兄说什么丧气话，今日与君上相见，我还是试探你家君上，看他是否真有让秦国崛起的雄心壮志。"

"你，你疯了不成，得君上单独召见的机会难得，岂能再做这等儿戏！"景监脸色煞白，气得快要吐血。

"我没疯，这次我给君上讲授文武王道，君上听得兴味索然，这不正说明你家君上有革新的英睿远见吗？"

"此话怎讲？"景监被公孙鞅折腾得有气无力了。

"王道讲求仁义道德，法先王而不知变通，一味做恢复周礼的旧梦，你家君上对此毫无兴趣，不正是拥有锐意进取的胆魄么？"

"君上就是有凌云壮志，雄浑胆魄，也和你公孙鞅无关了。"景监没好气地回道。

"兄此言差矣。我既然是你举荐给君上的，如果你不继续举荐，君上可是要追究你举荐失察之罪，如果你继续举荐我，待事成之后，你在君上面前不是也可以日渐贵重嘛。"公孙鞅欲擒故纵，张弛有度。

"再举荐你？"景监惊得瞪大了眼睛。

"再安排鞅与君上见上一面。"公孙鞅正色道。

"什么，再安排会面。"景监喘不过气来。

"不错。"公孙鞅拉了拉他的手，"这次你就跟君上说，公孙鞅敬佩他锐意革新让大秦崛起的志向，愿意为君上献上真正的强国之计！"

景监无奈道："这让我好生为难，你两次戏耍君上，让我怎好意思再去开口。"

"我知道让兄为难了，但比之秦国日后的强盛，是兄的个人荣辱重要还是秦国的未来重要？"

景监长吁了口气，看了眼面前站着的这位故人，目光中流露的自信，眉宇中似是包含着整个家国气象。禁不住咬咬牙道："好吧，我再硬着头皮劝谏君上，再安排君上召见一次。"

"这一次，你可千万别让君上，还有我失望啊！"景监以手扶额。

引为知己

公孙鞅也没有料到的是，很快秦公就同意再次召见他，看来景监在秦公跟前真是尽力了。

夜已初沉，殿内烛火微明，秦公、公孙鞅二人对坐，秦公仍语带虔恳，谦恭问道："先生两次指教，我也认真思考了一番，所谓王道，只怕要多费时日方可富国强兵，如今大秦与魏国相争，生死存亡在须臾之间，王道只怕是不合时宜，不知先生可还有别的强国秘术，可以教我？"

公孙鞅不卑不亢道："君上可知齐桓、晋文的故事？"

"齐桓公、晋文公都是数百年前著名的霸主，他们尊王攘夷、存亡续绝，算得一世英雄。但不知先生说起他们有何用意？"秦公不知所以。

"齐桓、晋文，所用乃是霸道，所谓王道，讲求仁者爱人，所谓霸道，则进取于功业彪炳，杀伐立威。齐桓公伐楚，虽以尊王攘夷为口号，实则是在变法强国之后开始耀武扬威、称霸诸侯。晋文公攻原，约定十日占领，十日不克竟然弃之而去，原人知道文公如此守信才主动归降，表面看，这是因为守信而民心归顺，但晋文公所仰仗的根本是晋国经过变法图强，实现了晋军的兵强马壮，所谓齐桓、晋文的霸道，就是凭借武力、刑法、权势而驾驭国家，统治子民。"

"先生所言，倒是有几分道理，我想请教先生，魏国如今之强大，是用的何种治国之道？"秦公虚心求教。

"魏国强大，一是继承了昔日晋国的强大根基，晋国在晋文公之后有九世霸业，楚材为晋所用，韩、赵、魏三家分晋，而魏国所得实利最多，因此魏国先天条件丰厚，魏文侯在位五十年间礼贤下士，虚心纳谏，李悝、吴起、西门豹、乐羊这等天下英才都乐为之用。李悝尽地力之教，吴起显耕战之士，食有劳而禄有功，西门豹移风易俗，文侯在国内奉行有功者必赏，有罪者必诛，自强自立，执列强之牛耳仍诚惶诚恐，魏国君主如此作为，群臣尽心尽力，魏国岂能不强？"

"文侯之后，魏武侯在位，吴起被驱逐，西门豹身死，先生以为，武侯时期的魏国为何仍然可以保持第一强国的实力？"秦公对公孙鞅的回答似有一些兴趣，又继续问道。

"武侯做太子之时，文侯以贤人田子方为太子师，田子方教导太子富贵者不可骄人，应谦恭谨慎。中山国乃魏国要塞，武侯做太子时即主政中山，可谓久经历练，武侯即位之后，虽然没有父亲魏文侯那般的气度胸襟，但遵循文侯确定的霸道治国，因此仍然维持一时之盛。"公孙鞅思维敏捷。

"那先生以为如今的魏侯，还能继续维持魏国之强？"秦公问到了他最关心的问题。

"如今的魏侯，并非昏庸无能之辈，武侯即位之后，在外注意联合韩、赵，重建三晋同盟，在列国纷争中共同进退，对内则重视生产，兴修水利，更擢拔了庞涓、公子卬、龙贾等新锐武卒将领。但魏侯的争霸战略，却有重大隐患，可能因此而霸业中衰。"公孙鞅一针见血，切中要害。

"哦？"秦公一愣，不由急道："先生所言，魏国的重大隐患是什么？"

"魏国从安邑迁都大梁，实在是大误！"公孙鞅严肃道。

"大梁乃高大富庶之城，地处平原而肥沃丰饶，地势平坦得交通便利，魏国的武卒更号称'劲旅铁军'，旧都安邑经上党通往东方，上党崎岖多山，容易被敌国切断要塞，也不便于控制东方诸侯，魏国迁都大梁，乃是争霸中原的举措，为何先生对此不以为然？"秦公对此问题显然是做过认真思考的。

"争霸中原，却陷入四战之地，可谓得不偿失。"公孙鞅一语中的。

"如今列强基本是处于均势状态，魏国虽然强大，但并无绝对优势，尤其一统天下的时机尚不成熟，魏国迁都大梁，只能是让其他诸侯震惧而合谋围击，大梁位于天下之中，车马辐辏，皆为坦途，更是易攻难守，在如今这大争之世无险可守，国家安全如何得到保障，魏王以四战之国好举兵以拒四邻，那不是自己与所有的敌国同时开战自寻死路吗？"

秦公瞪大了眼睛，呆呆发愣良久，"先生所言，令我茅塞顿开，容我细细思索，今日已晚，你且下去好生歇息"。

公孙鞅不再言语，施礼退下。

等在一侧的景监早已耐不住性子，上前小心翼翼地问秦公："今日公孙鞅所论，君上以为是否是不切实际的胡言乱语？"

秦公缓缓起身，沉吟片刻道："好个景监，你推荐的人似乎还有几分见识，容我考虑成熟，再做定夺。"

景监一时语塞，内心抑制不住的忐忑起伏。

别了秦公，不顾天色已晚，景监急急来到传舍，对公孙鞅叫道："哎呀，你吓死我了，看来君上对你今日的言辞有些兴趣！"

公孙鞅一副成竹在胸的模样道："君上对霸道很有兴趣，尤其我谈论魏国迁都利弊之语，看来令君上颇为震动，兄当尽快安排我与君上再见一次，我相信，这次就大功可成了。"

"好！可是这次我觉得不用我说，君上也会主动要与公孙兄再见面的。"景监似乎露出了笑容，言语轻松了许多。

"话虽如此，你还是要敲敲边鼓，添把柴火让它熊熊燃烧才好。"公孙鞅拍了拍景监的肩膀道，"如若事成，可都是兄的功劳，在秦公那边，兄也能更上层楼。"

景监闻言正色道："公孙鞅，你小看我了，我为国举才，岂有私心？"

两人不禁哈哈大笑。

果然如景监所预料的，秦公当日下午就在偏殿再次召见了公孙鞅，殿中座席前的几案上也摆满了山珍佳肴。

秦公满面春风，诚恳道："昨日与先生抵掌夜话，受益颇多，今日继续邀请先生前来，希望先生能再次教我。"

"不敢不敢。"公孙鞅嘴中虽然谦逊，心中却有几分得意。

"前日先生所言，魏国迁都大梁，乃是大错，而先父献公从雍迁都栎阳，不知先生有何看法？"

"栎阳之前，秦都在雍城，献公即位，推行新政，迁都栎阳，乃是表明大秦矢志东进的决心。昔日穆公虽为一方霸主，却因崤之战失败，秦国被晋阻击在关西之地，只能向西发展，因此国运局促于一隅之地。而秦长期荒僻，诚如君上求贤令上所言，诸侯卑秦，丑莫大焉。献公迁都栎阳，乃是要主动东进中原。况且魏国如今已占有河西地区，以河西郡进击秦国游刃有余，而秦旧都雍城距离河西太远，不利于与魏国兵锋相持，而栎阳距离魏国西河郡很近，自是大秦东出与魏对峙的最佳之地。"

"嗯，嗯"，秦公闻之不禁点头。"只是我大秦东出即面临强魏，又如何能够东向与列强角逐争锋？"

"角逐争锋，岂止要角逐争锋，秦国还要东向以制诸侯！"公孙鞅自信满满。

"东向以制诸侯？"秦公大吃一惊，继而实事求是道："魏国强盛，秦国国力贫弱，这有些不切实际吧？"

"魏国虽强，秦亦可强！若要强秦，唯有变

法。所谓穷则变，变则通，通则久。"公孙鞅一字一句，掷地有声。

"不瞒先生，我深知唯有变革才能救秦国、兴秦国，我已打定主意要变法图强，但如何变法，我暂时还没有个思路。"秦公不禁苦笑。

"变法，就要矢志不移，坚持食有劳而禄有功，以耕战为立国之本，用法家之术而兴兵富民，唯有此术，方可以使秦崛起，争雄诸侯，称霸而王。"公孙鞅正式抛出了自己的主张。

"法家之术？"

"对，当前秦国国力贫弱，在于宗室享有荣华而碌碌无功，民众热衷私斗而自由散漫。"

"唉，我又何尝不知，只是宗室汹汹，百姓蒙昧，先生有什么好的解决办法？"秦公更加虔恳地问道。

"这个其实不难，对宗室、百姓不可分别对待，而应依赖于法令昭彰，法家强调不别亲疏，不殊贵贱，一断于法，只要对百姓严加控制，鼓励其从事本业，挖掘生产潜力，同时增殖人口，建立严密的管理体制，把百姓拧成一股绳。而对宗室更要严加处置，避免他们倚仗权势作奸犯科，同时褫夺没有功勋的宗室属籍，不能让他们因为血统出身就可以无所事事，成为国家的蛀虫。必须严格尊奉以法治国，有功者显荣，无功者虽富也不能给予恩厚，唯如此，秦国才有希望。"公孙鞅滔滔不绝地把自己对变法的思考一一道来。

秦公已然听得如醉如痴，不知不觉中身体前倾，与公孙鞅凑得很近，"先生所言，的确精辟，但变法之事，动摇国本，不知先生有何良策，可以堵住百姓、宗室的悠悠众口？"

公孙鞅声色俱厉道："以法治国，没有书简议论，绝迹百姓风声，为何要忧惧百姓、宗室的悠悠众口呢？

"让举国听命于君上，以法为教，以吏为师。唯如此则国家无事而富有，国家有急而兵强，只有变法图强，才可以所向无敌。在秦国，由君上实现超越五帝，与三王并驾齐驱的空前大功业。"不等秦公追问，公孙鞅已脱口而出。

"好！"秦公激动地拍案而起，已然掩饰不住兴奋之情。

待兴奋劲儿稍过，秦公又叹道："只是变法牵涉甚多，纷繁艰巨，有何人可以与孤为变法齐心协力，为强秦而共同进退？"

"君上坚定矢志不移，君如长做青山，我自愿永如松柏，任君上趋驰，为秦国变法富强而呕心沥血，更不惧风暴侵袭，粉身碎骨，唯愿君上与我坚定同心，假以时日，自然大业可成。"公孙鞅心潮澎湃，豪情满怀。

"好！好！"秦公激动地击掌，连叫了两声，他上前挽起公孙鞅的手，郑重道："真是苍天有眼，让先生来到秦国，当年商汤重用庖厨伊尹而灭夏桀得以名垂千古，周文王渭水访求到姜子牙，从而开创大周礼乐盛世，齐桓公以射钩之仇的管仲为相而终于射取天下，今天你公孙鞅来到我秦国，也是上天对我嬴渠梁的特别恩赐吗？"

"臣不敢自比先贤，臣定当竭尽全力，使大秦国富民强。"公孙鞅急忙对秦公施礼，被秦公一把拦住了，两人执手而立，四目相对，心中更是波澜起伏。

良久，秦公似乎想起一事，不由忧心道："变法兹事体大，我虽赞同先生的主张，但朝中尚有甘龙、杜挚等人，皆是王亲重臣，宗室一向以这二人马首是瞻，如要推行变法，必须说服他们，免得惹来日后的麻烦。"

"这个简单，君上只要召开会议，我自当与甘龙、杜挚大人解释清楚。"

"这甘龙是饱学之士，杜挚也是我大秦一时之秀，先生务必小心。"秦公好心嘱咐。

"君上尽可放心，我既然来到秦国，就一定要辅佐君上成就一番功业，粉身碎骨都不惧，岂会怕这口舌之争！"公孙鞅斩钉截铁道。

朝堂交锋

　　清晨，庄严肃穆的秦宫大殿之上，众多朝臣一一就位，秦公冠冕端正地坐定尊位，首先清了清嗓子道："今日朝会，有一件大事……"秦公看了眼站在身侧的公孙鞅，但见他自信地冲自己点头微笑，不由心中安慰，"这位公孙鞅先生从魏国而来，谙习刑名之学，我意由他主持我大秦变法，负责军政事宜，以实现我大秦的富国强兵。"

　　秦公话音刚落，就听有一老臣咳嗽之声，公孙鞅循声仔细端瞧，只见一六十开外的老者，冲秦公颤巍巍施礼，"君上，臣甘龙有几句话要说。"

　　秦公恭敬道："甘大夫，今日朝会，事关秦国未来施政方针，自然是知无不言，言无不尽。"

甘龙见君上允诺，首先指了指公孙鞅，对秦公道："我大秦与魏国正在河西争夺土地，数万将士为大秦浴血厮杀，秦人与魏人血海深仇不共戴天，这位公孙先生从魏国而来，我听闻在魏国时，这位先生还是魏相公叔痤的中庶子，我们如何知晓他会不会是魏国派来的奸细？"

朝堂之上一片惊诧之声。

景监仗义执言道："甘大夫，你多虑了，公孙鞅与我曾是故友，到大秦之前，的确担任过魏相公叔痤的中庶子，但他此来秦国，乃是因为应君上的求贤令，希望为我大秦建功效命，断不会是到我秦国刺探军机的魏国奸细。"

甘龙扭头诘问景监："公孙鞅远道而来，虽与景大人有旧，难道景大人可以担保他没有其他的目的？"

景监也不示弱，正色道："公孙鞅志向高远，才智超群，我可以担保他绝非狡诈阴险之人！"

甘龙不以为然，"景大人，知人知面不知心，你为人忠厚，须知人心难测啊！"

"好了，甘大夫，孤已召见公孙先生数次，知晓

大殿之上，甘龙当面反对商鞅的变法之说。

他断非魏国细作，今日之事，主要是想听听大家对变法的意见。"秦公果决打断了甘龙对公孙鞅的指责。

"但不知这位公孙先生计划如何在我秦国推行变法？"甘龙调转话题，依然不依不饶。

"所谓变法，就是要在秦国改弦更张，废弃长期以来秦国周礼之腐朽习俗，废弃世卿世禄，在全国推行以法治国，奖励耕战，禁止百姓私斗，宗室非有军功不得有恩厚，百姓有耕战之绩则必予以重赏，从而把全国臣民拧成一股绳，来实现秦国的富国强兵。"这些都是公孙鞅思虑许久的方略，自然是烂熟于心。

甘龙听罢摆摆手，不以为然道："大秦自来奉行穆公德政，祖宗之法，乃是圣人之教，行之百年，民风淳淳质朴，将士奋奋安心，岂能任意更动，如依照公孙先生所言变法，只怕行不了几日，群臣百姓因无所适从，反倒生出百般怨言，千种事端。"

秦公没有吱声。

"甘大夫此言差矣，举凡变法，必然有开始的不便，因百姓臣民的议论纷纷而畏缩，因天下人的指指点点而犹豫，自然是什么事也干不成的。真

正的英明君主，从来都不怕臣民非议，不惧无聊无谓的议论，百姓对君主而言，乃是被统治的子民羔羊，君主的决策岂能为这些臣民所随意左右。"公孙鞅毫不示弱，侃侃而谈。

朝臣中忽又响起一人的反对之声，这声音浑厚高亢，"公孙先生所言，实在是匪夷所思，自来得民心者得天下，为政以德，仁者爱人，而德政、仁爱方能教化百姓，自然能够国富民强。"

公孙鞅打量了说话的这个中年男人一眼，但见他敦实矮胖，面容圆润饱满，对自己颇有几分不屑的神情。

秦公引介道："这位是大夫杜挚，乃我大秦的饱学之士。"

公孙鞅与杜挚互相施礼。

"杜大夫所言，实在是愚陋之见！"公孙鞅言辞犀利，毫不客气。

"你……"杜挚脸色微变，颇有点不服。

"为政以德，不过虚情假意。仁者爱人，试问君威何在？百姓们不过乌合之众，做大事、成功业的，绝不可被百姓左右，百姓愚昧无知，只有自私自利的短见，不可与之谋划大事。锦上添花易，雪中送炭难，如今秦国疲弱，岂能与这等无知小人讨论国运，民众的流言，百姓的谣传算得了什么，成大事者一定要自定其心。"公孙鞅反唇相讥。

杜挚反驳道："我朝穆公重视德政，曾有泛舟救济晋国灾民的善举，因此百姓无不归心。穆公马匹被岐下野人所盗，本应将岐下野人依法治罪，穆公秉持仁德之心，将这些野人悉数释放，并以好酒奉与吃掉穆公之马的岐下野人，因此才得到这些岐下野人的保护，并俘虏了晋惠公，取得韩原之战的大胜。公孙先生，穆公称霸，还不足以说明得民心者可以无敌天下的道理吗？"

"穆公称霸，确是事实，但穆公之世已过数百年，治国之法，岂能因循守旧，不知变通。况且穆公之时秦国虽号称强盛，但终局促于西陲一地，东出之路被晋人所阻，要隘关口数百年落于敌手，崤之战大秦匹马只轮无反，不知杜大夫认为秦是强大到无敌，还是只能在西陲称王称霸呢？"

"你……你竟敢非议先君！好大的胆子！"杜挚气得喘了起来。

"穆公威名，令人敬仰。"公孙鞅知晓秦国这位先君还是不能非议的，他话锋一转，"但秦国之强，不能活在穆公的影子之中，时移而世易，岂能抱残守缺！倘若变法可以强秦，何必要完全遵循穆公旧典，如果变法能够为秦确立百年大计，何必要因循穆公的主张呢！这不过是邯郸学步，东施效颦，岂不惹天下人耻笑。"公孙鞅声音洪亮，义正词严，一字一板间充满张力。

"你这是数典忘祖，令人唾弃的行径！"杜挚厉声指责道。

"如果依靠祖宗，可以夺取河西，那我们就每日祭祀穆公，坐等魏国将河西肥沃之地拱手归还秦国，岂不妙哉？"公孙鞅反唇相讥。

"先生所言，实在是大逆不道！"甘龙清了清嗓子，"想大禹治水，百姓归心而得天下，尧帝禅让给舜，舜传位给禹，都是有德者居之，即使是商汤、文武，周公，也是敬德保民，民之所愿，天必从之。祖宗之法，乃放之四海而皆准，千古不变的信条，岂可因一时国家之困顿而横生怀疑？岂可因外邦之人的几句蛊惑而忘乎所以？"

甘龙这几句话意有所指，在上座的秦公不由尴尬地咳嗽了两声。

"甘大夫囿于成见，思维僵化，实在是秦国的大不幸！"公孙鞅毫不退让。

甘龙气得脸色微变，还未开口反驳，公孙鞅又道：

"昔年鲧治洪水，一味堵塞，结果辛苦操劳，十年不成，若非大禹改堵为疏，哪有万民归心，焉有华夏？尧传位给舜，号称禅让，不过是虚名美誉，其时舜实力日益增强，尧帝德衰，不得不退位让贤，即使是汤武革命，也是因时变而起事，夏桀暴虐，商纣无道，若依甘大夫所言，百姓只能逆来顺受，任其宰割不成？正是因为商汤、周文王、周武王敢于承担，致力变革，在黎民倒悬之际揭竿起义，才开创殷商与大周的数百年盛世。殷商太戊即位之初，国家内政昏聩，太戊不因循守旧，而是勇于革新，任用巫咸，治理国家，殷商国力才得以复兴；宗周厉王暴虐，宣王在共和之后即位，也是变革祖宗举措，废除籍田，招抚流民，方有周室中兴的几十年大好局面。若依甘大夫所言，国家陈陈相因，天天抱着祖宗之旧法陈规做着春秋大梦，只怕商汤、文武所开创的王朝也不过昙花一现，岂能国祚绵延？"

"先生所言，也不能说没有道理，但祖宗成例是国家根本，贵族共荣乃是秦国长期的传统，变法图强，我自无异议，但还是要明确贵族特权不能变，贵族共和执政体制不能变，如若不然，则国本动摇，国运危在旦夕，只怕不用魏国等敌国来攻，我们就已经自己败亡了。"甘龙忧心忡忡地劝诫。

"甘大夫的看法，是一般俗人的浅见。俗人只知道因循守旧，胆小怕事，而智者能勇敢进取，创立制度。守成之心往往被时代之轮碾得支离破碎，等人家一日千里而自己只能长吁短叹，真是可笑之极！贵族执政，虽是祖宗成法，但不能拘泥，夏商周三代若非改弦更张，岂能推动朝代更替，齐桓、晋文若非在国内力排众议，瓦解世卿世禄的旧制，大胆擢拔贤能，岂能称霸天下，建功立业。"公孙鞅言语铿锵，针锋相对，毫不让步。

杜挚见甘龙一时语塞，上前帮忙辩解道："先生所言变法，虽可能对大秦有某些好处，但变法牵涉众多，造成的损害当然也有不少，如果没有十足的好处，为什么我们大秦要去变法呢？没有足够的利益，我们大秦为何要去擅自更动祖宗百年来确立的治国大计呢？"

公孙鞅哈哈大笑："杜大夫做事畏首畏尾，真是深谙庸碌无为的做官之道。变法更化，自然难免有诸多不便，这如同治病，病入膏肓岂能怕麻烦而讳疾忌医，变法对大秦岂能以好坏得失来简单衡量。变法，大秦自然强大，大秦强大，自然大家都能过得好。杜大夫死抱着祖宗的旧典，浑浑噩噩混日子，大秦自然日渐衰亡，不管是贵族王亲，还是寻常百姓，谁能有好日子过，只怕最后落得亡国的下场！"

"大胆，你岂能诅咒我大秦亡国？"杜挚脸色一阵红、一阵白。

"先生变法，就不怕非议汹汹，贵族切齿，百姓冷嘲，这不是自己难为自己吗？"甘龙愤愤地继续诘问。

"我既修习刑名之学，为秦国强大，自当勤恳无私，夙夜筹划，以报效秦公知遇之恩，如推行变法，自当勇于职事，粉身碎骨，何惧非议，岂会为几句无知小民的不理解而动摇决心。"

甘龙、杜挚看公孙鞅慷慨激昂、义正词严，都已是哑口无言。

一直没有说话只是聆听的秦公，此刻脸上露出了笑容，他端坐上位正色道："今日朝堂之上，公孙先生与甘大夫、杜大夫为变法之事争论，帮助我们这些人廓清了迷雾，变法已经是举国共识，依照公孙先生的法家学说，在我大秦变法也是大势所趋，今日就趁热打铁，我决定拜公孙先生为我大秦左庶长，一切变法事宜，悉由公孙先生全权定夺，诸位大臣，都要听左庶长调遣！"

甘龙、杜挚还想争辩，但见秦公主意已决，只得不再作声。

立木取信

秦都栎阳城的南门外，一阵秋风扫过，虽有几许萧瑟之意，但中午的太阳还有些灼热。秋日下的广场，熙熙攘攘挤满了百姓，大家都在议论着什么。

"君上选的左庶长，就是那个众人簇拥着的人吧。"一清瘦老者遥指着高台上端坐正中的公孙鞅道。

"听说这左庶长来自魏国，而且以前还是魏相的什么中庶子。"有人小声补充了一句。

"魏国与我们大秦有血海深仇，君上怎么会这么荒唐地重用这魏国人？"有一矮胖青年疑惑不解。

"听闻君上对这公孙鞅信任有加，他要在我国推行变法，"老者和青年两人身侧一个中年妇女插了一句。

"变法？变什么法，难道要让老百姓换个别的活法，这谈何容易？"

"是啊，这话谁信？要变，也得从他们贵族开始变，你们说说哪一次朝廷变法不是老百姓吃亏，让他们这些当官的得利了。"提着篮子的中年女人道。

"自古哪里不是尸位素餐者山珍海味，勤劳吃苦者吃糠咽菜？变法能天翻地覆，别痴心妄想了。"那清瘦老者无奈地安慰大伙。

"今日这左庶长，说要把大家召集起来，也不知道想干什么？"那矮胖青年人没好气道："庄稼今年收成不好，日子难啊。"

"是啊，我邻家的儿子前些日子和邻里打架，被对方打断了一只胳膊，双方亲族正闹腾的你死我活呢。"一个满面愁容的大叔道。

"我孩子在河西与魏国打仗，听他送来的书信说，这几年我国在河西连吃败仗，士气低沉，很多人都开小差，这仗真是没法打了。"

"不打仗回来又能干啥？"清瘦的老者忧心忡

忡道。

　　"现在村里没人愿意种庄稼，都想去做买卖，买卖来钱快，或者去给贵族豪家当个差，也能混吃混喝。"一名中年男子郁闷地叹息道。

　　"活着就好，这年头，活着不容易。"人群中传来哀叹之声。

　　百姓们正在喧哗间，只见南门的高台之上，一名官长模样的人首先走上前，伸手示意鼎沸的人群安静下来。这官长清了清嗓子，朗声道："各位乡亲父老，今日我大秦左庶长公孙大人有一件重要的事情向大家宣布，请大家安静。"

　　嘈杂的人群瞬间沉寂下来，大家都翘首等待这位新的左庶长登台。

　　公孙鞅携着佩剑，器宇轩昂，他几步走到高台的正中位置，镇定自若地正声宣布："我大秦的各位乡亲父老，我公孙鞅是被君上新任命的左庶长，今日召集大家在栎阳城南门，就是要告诉大家，我们秦国从今日开始，要正式推行变法了。"

　　"变法？"

　　"真要变法？"百姓又开始小声嘀咕起来。

"我们秦人生活的不是好好的，干吗要变法啊？"

"变法，怎么变？难道要晚上干活，白天睡觉不成？"有百姓很不理解地揶揄。

"所谓变法，就是要让我们秦人都能过上比现在要好的日子。"公孙鞅提高声调，简单直接道。

"我觉得现在挺好的，虽然辛苦些，但有吃有穿，白天耕作，晚上睡觉，没什么不好啊。"

"是啊，我们秦人又不是吃不饱饭，虽然河西之地被魏国攻占了，但毕竟关中、雍城这些土地没丢，大不了我们回到秦人起源的汧渭之地，继续养马，总不至于就活不下去吧。"人群中又开始众说纷纭。

公孙鞅打断了这些议论道："我们秦人祖先虽以养马而受封，但百余年来披荆斩棘，才有这一方关中乐土，如今强敌魏国蚕食鲸吞，大秦河西之地丧失殆尽，朝廷贵族浮华而庸庸碌碌，大家劳苦而只得饥肠温饱，我公孙鞅虽是卫人，却愿意从今日起，好好带领大家，让生活好起来，让国家强起来。而要让家国好起来，唯一的办法，就是在秦国推行变法，就是改变过去不合时宜的老规矩、坏习惯，把好的，用大家都好的办法、习惯来做事。我相信，不出几年，我们大秦就不再受强邻魏国的欺压，我们还可以到魏国的首都大梁城去，用他们的财产、土地，让百姓父老们吃饱穿暖。大家说，好不好？"

公孙鞅提高了声音，他的这番话激情澎湃，很有鼓动性。

"我们秦国百姓日子虽然苦些，但也可得衣食温饱，如今河西领地尽丧，秦国被其他国家看不起，实在是我们秦人的奇耻大辱，如左庶长大人能有好办法强秦，我们自然愿意追随大人。"百姓中忽然有人应了一声。

"只是大人所说的变法怎么变，这是个大问题。"有年高德劭的乡老疑惑地插话。

公孙鞅道："要大家改变旧习惯虽然困难重重，但只要朝廷强力推行，有百姓父老的一致拥戴，我们秦国就一定会强大起来，大家就都能过上好日子。"

"可是朝廷一向朝令夕改，没有信义，百姓父老们谁敢把朝廷的话当真。"

"就是，前年河西之战时，我儿子战死沙场，说好的要给抚恤，可是到今天，这事儿还没有准信儿呢。"一个满头白发的老者发了一句牢骚。

"是啊，谁敢信啊，今年年初说要帮助我们农民种地，结果到收割庄稼的时候，根本没有人来，村里的精壮小伙谁也看不上种地这营生，都去倒腾货物去了。朝廷说的比唱的好听，但具体遇到事儿了，却看不见朝廷的影子。"

"是啊，我女儿被一个贵族抢去做小妾，因为誓死不从，结果竟被活活打死，我去讨个说法，官家说好要给我冤死的女儿一个交代，可三年了，还是没有一个说法。"一个哀哀戚戚的中年妇女也在痛苦地陈述。

公孙鞅示意大家安静，他自信满满地宣布道："这些都是以前的事，朝廷办得不好是朝廷的错，今天大家有冤屈的就把自己的冤屈陈述给我的属下，我会让他们一一记录在案，合情合理的我会督促去办，大家尽可放心。"

百姓们都似信非信地点头。

公孙鞅继续道："我既担任左庶长，自当保证每一件事情都认真办理，凡是我的命令，必须执行。"

"好！"

"太好了！"下面有人赞叹道，不一会儿，稀稀拉拉的掌声，逐渐变成了响亮、整齐、有力的欢呼了。

公孙鞅趁热打铁，指着高台一侧一横长的木杆道："各位父老，大家眼前看到的这根木杆，与我担任左庶长之后，要颁布的第一道政令有关！"

台下众多百姓寻声望去，但见这木杆约三丈开外，通体被砍削得平整高大，正横搁在高台一侧玄乌色的梁架之上。

"第一道政令？"在场的百姓都颇为不解。

"大秦要变法图强，自然要让百姓同心，尊信朝廷，各位父老，如有人愿意将这根木杆从这个地方搬至栎阳城北门的中央位置，我当场赏赐给他十两黄金！"

"搬木头！"

"十两黄金？"人群中登时响起一片惊讶之

声，又是一阵窸窸窣窣的议论。

"这可不是小数目啊，至少顶我们家好几年的收成呢。"有人低声啧啧道。

"只要有人将这根木杆搬到北门，左庶长大人会当场赏赐他黄金十两！"公孙鞅的侍从官长赵良补充了一遍。

百姓们似乎不敢相信自己的耳朵。

"这么简单的事，怎么可能？"

"这么高的奖赏，十两黄金，不敢相信。"

"你试试，也许不是骗人的。"

"你咋不上去试，闹不好就是哄我们玩的。"

百姓们虽然从窃窃私语变得有些大胆的喧嚣，却没有一个人愿意上前尝试。

公孙鞅知道大家伙的疑虑，他坚信重赏之下必有勇夫，于是他清了清嗓子，又高声道："如果有人将这根木杆搬迁到北门，不限时间，没有其他条件，只要将这一根木杆搬到北门，当场赏赐五十两黄金！"公孙鞅郑重其事地宣布。

"五十两，五十两！"

人群如同炸锅一般沸腾起来："这么多，就搬个木头！"

"这左庶长是不是……"

"我们君上怎么找了个这样荒唐的人搞变法？"大家议论纷纷，还是没有人敢去搬这个木杆，但似乎有人想要上前一试。

"如果哪位当场将这木杆搬至北门，当场赏赐黄金五十两，绝不食言！"公孙鞅充满自信地再次宣布了一遍。

"要不……我来试试。"人群中传来一声洪亮的嗓音，大家顺着声音寻去，只见说话的是个皮肤黝黑的青年，生得精壮，打扮普通，但脸上有一股忧愁之气。

"这不是雨金乡那个叫杜成的孩子吗？"人群中不知谁撂了一句。

"他娘最近身体不好，家里为治病花费不少，他可是个大孝子。"有人说了一句。

"杜成，你小心啊，别被他们骗了。"有人好心提醒。

杜成不以为意，在众人的注视下，走出了人群，他先到公孙鞅面前行礼。

公孙鞅打量了这年轻人一眼，道："你叫什么名字，哪里人氏？"

"小人叫杜成，栎阳雨金乡人。"杜成回答得不卑不亢。

"好，杜成，你面前的这根木杆，只需你搬至北门，就算大功告成。我绝不食言，五十两赏金即刻给你。"公孙鞅边说边走下高台，上前拍了拍杜成的肩膀，把他扶了起来。

"真是一出好戏。"在台子一侧观看的甘龙低声道。

"我倒要看看这公孙鞅如何收场。"一侧的杜挚也冷冷道。

"听说吴起在楚国也玩过这把戏。"甘龙不屑地说。

杜成起身，一步一步，面色凝重地走到这木杆前，观礼之人都凝神屏气，看着他下一步的动作。

"左庶长大人说话可会算数？"杜成回过头来冲公孙鞅问了一句。

"一言既出，决不食言！"公孙鞅斩钉截铁地应道。

"好！"杜成叫了一句，他俯下身子，伸手将那根合抱粗的木杆抬起来，一使劲就顺到了自己的右肩之上，起身用力，迈开了步子。

"这木杆真的搬得动，不是哄人的！"有人惊呼起来。

"看样子也不是很沉。"有人好像明白什么似的。

围观的人群小声议论着，随着杜成一步一步扛着木杆向前走，不少百姓也跟随着杜成的脚步围观前行。

这木杆不算重，但从南门到北门，距离也不算短，时间久了，自然也有点费劲，走了一阵，杜成已然大汗淋漓，脚步吃重，跟随的人群开始为他呐喊助威。

"小伙子，挺住！"

"杜成，挺住！快了，快了！"

杜成在身边百姓父老的鼓劲声中，坚持前行，向着终点前进。

公孙鞅跟随着杜成与众多凑热闹的百姓，看着这一张张的面孔，公孙鞅宽慰地笑了。

杜成终于把那根木杆搬到了北门中央，他擦了

为了让变法顺利施行，商鞅以徙木赐金之举，取信于民。

擦汗，顾不得喘气，急忙向刚登上北门高台的公孙鞅行礼。

公孙鞅大声对围拢过来的人群道："今日杜成把木杆从栎阳城的南门搬到北门，众多父老都是见证，我决不食言，赏赐杜成黄金五十两！"

百姓们一片欢呼！

"赵良，取那五十两黄金过来。"公孙鞅冲侍从赵良挥手。

侍从赵良端着盘子，将早已准备好的五十两黄金奉上，公孙鞅走到杜成面前，将这黄金递给杜成。

"刚听人言论，知你是个孝子，有了这五十两黄金，拿去先给母亲看病，其余的置些家产，好好生活。"

杜成激动地双手接过："多谢左庶长大人。"杜成泣不成声的脸上瞬间挂上了微笑。

公孙鞅伸手制止了围观百姓的喧哗，他后退几步又登上北门的高台之上，朗声道："我大秦子民热血男儿，都是铁骨铮铮的好汉，我公孙鞅在此宣布，变法伊始，自当立信天下，赏罚分明，凡为国有功者，不论贵贱，一律受赏，小功受小赏，大功受大赏，凡为国有害者，不论亲疏，一律受罚。小罪小罚，犯大罪者大罚！"

百姓们都瞪大了眼睛，"公孙大人，你说的这可是真的？"

"我们普通人也可以得到赏赐，也可以做官了？"

"那些欺负人的贵族，犯罪也要被杀头了！"这消息似乎难以置信。

"不错，变法要求赏罚分明，如同今日杜成听朝廷的号令，就会得到赏赐一样，只要大家齐心协力，好好致力农耕生产，必有重赏！"

"种地也有奖赏？这倒稀奇了，"有人小声议论道。

"举凡种地产量大，作战勇敢，不论贫穷富贵，一律重赏。"公孙鞅朗声宣布。

"那我回去好好种地，希望今年有个好收成。"站在杜成身边的一个年轻人热血沸腾地说着。

"我先给母亲治好病，就去从军，到河西和魏军打仗，给我们秦国把河西地夺回来。"杜成也兴致高昂地抢话道。

"我要当兵！"围观的人群中不时响起热血沸腾的叫喊声。

"我们老年人不比青年人血气方刚，就在家好好种地，让左庶长大人放心。"那位清癯老者捋着胡须充满自信道。

"是，我们好好种地！"那矮胖的男子也攥紧了拳头。

公孙鞅看着群情激昂的人群，不由地舒了口气，一切都在他的掌握之中。

忽然身侧有一个熟悉的声音传来："真的是一出好戏啊！"这声音分明是赞叹中的一丝调侃，公孙鞅听着声音如此耳熟，扭头一看，但见是神态祥和的老者，这老者不是在一边看热闹的甘龙，也不是杜挚，而是自己的老师尸佼。

"老师，你怎么来了？"公孙鞅急忙上前施礼。

"不是说好了，你到秦国，只要能扎住脚跟，我自然也会来助你一臂之力吗？"尸佼微微笑道。

"真是太好了！"公孙鞅掩不住的兴奋，"真是天助我也！"

"适才甘龙、杜挚也在一边看热闹了？"公孙鞅问道。

"不错，不过看到大人身边汹涌的人群，他们脸色大变，已经悻悻地回去了。"赵良应道。

公孙鞅哈哈大笑，他一边吩咐赵良尽快拟定变法条令，一边挽起尸佼的手，指着熙熙攘攘的百姓，望着眼前气势雄伟的栎阳城道："老师，你说这里过几年，会不会大变样，秦国真的是你教我的刑名之学最理想的施展之地吗？"

尸佼语重心长道："秦国虽僻处西陲，但也正是因为秦国一穷二白，才更能让我们刑名之学的方子速见奇效。我听说秦君对你甚为信任，如今命你为左庶长，正是你大展宏图的好时机啊。你大胆去做事，践行刑名之学，不正是老师毕生的心愿吗？"

公孙鞅看了眼老师，看着兴高采烈的百姓，不禁坚定地点了点头。

结怨太子

公元前356年，公孙鞅与尸佼、景监等人商议、草拟了诸多的变法细节，上报秦公之后，就在全国正式推行。

这日朝堂之上，秦公仔细读罢公孙鞅呈上的简册，问道："左庶长，推行变法，奉行有功者显荣，无功者虽富无所芬华的宗旨，我自无异议，只是为何变法的起始，要从颁布连坐法开始，这法子是不是有点太严酷了？"

公孙鞅郑重道："我以为能领其国家的人，不可以须臾忘于法，因此法任而国治。明王治理天下，都要因法而治，从确立法治开始。"

"左庶长要将把秦国人民以五家为一单元编为

一伍，十家编为一什，在什伍之上设里，再在里中设置里典，秦人散漫，只怕这办法推行起来比较困难。"秦公不无忧心道。

"君上多虑了，我之所以从什伍编制开始，就是因为我们的变法要切合实际，我到秦国之后，认真走访乡里，先君献公之时，已经开始推行户籍相伍，老百姓已经习惯了，我们不过继续沿袭旧制，这个什伍之法可以将原来在秦国处于无权地位的野人、奴隶编入"什伍"，打破西周国人、野人分别治理的局面，从而扩大君上的统治基础，同时又可以实现军事、赋税、治安三合为一，有利于战时征兵，更便于我们以后的赋税征收和治安监控，会让君上的权威更加强大。"公孙鞅娓娓道来。

"嗯，有道理，可是这连坐却不是先君献公的法子，我怕百姓们……"秦公有点不放心。

"君上，举凡变法，无不流血牺牲，如果百姓不积极举报告奸，那国家将被奸邪所充塞，而我们只要鼓励揭发检举奸人，那全国的奸邪之徒自然无可遁形，社会风气当为之一新。至于一时非议，不过是目光短浅之人的牢骚，不用理会。"

秦公听得仔细，登时明白，不由点头赞同。

公孙鞅趁热打铁，"我们法家学说与儒家的那套仁爱的主张不同，我们法家认为只有对轻罪用重刑，民众才能畏惧法律，这其实才是最大的德治。我将这个主张称为：刑生力，力生强，强生威，威生德，德生于刑。因此，我们秦国的变法，在法律上一定要'以刑去刑''以杀去杀'，以厚赏与重罚为突破口。"

"嗯，你在栎阳城南门立木取信，就是厚赏，而重罚，就是要用这连坐法了。"秦公心领神会。

两人正说话间，景监急匆匆地走了进来，脸色有些异常。

"景监，发生了什么事？"秦公好奇问道。

"刚刚听说，太子嬴驷的车右因为和人在大街上私斗，把人给打死了，如今被栎阳令关在监牢之中。"景监忧心忡忡道。

"私斗？太子的车右"秦公脑袋不由轰的一声。

"不是刚刚颁布的条令，不让私斗吗？"气得发抖的秦公拍了一下桌子。

公孙鞅心中也是一冷，这个节骨眼上，太子来凑什么热闹！

"听闻这车右唤作嬴回，是太子的玩伴，平日里就有些嚣张跋扈，因为路人撞到了太子的座驾，嬴回就抓住人家一顿暴打，不想下手不知轻重，就把人给打死了。"景监无可奈何地补充道。

"当时太子可在车驾之上？"公孙鞅很是细心。

"没有。"景监答道

秦公听了景监的这两个字心中不免宽慰许多。

"君上向来对太子管教极严，断不至于任由属下胡作非为。"景监打了个圆场。

"只是这嬴回打死了路人，按照我朝禁止私斗的新法，可能要斩立决，只是太子的人，该如何处理，特来向君上、左庶长求教。"景监也不避讳。

"这个……太子可知晓此事？"秦公略有些迟疑地问道。

"嬴回当街杀人，已经传得沸沸扬扬，太子岂会不知？"公孙鞅插了一句。

景监看了眼秦公道："太子并不在车上，嬴回此举似乎与太子本人无关。"

秦公则看了公孙鞅一眼，"左庶长以为，此事如何处理为好？"

公孙鞅正色道："我们如今刚刚推行以法治国，往往法令不能长期推行，都是因为上面的人不能以身作则。我制定的秦法主张刑无等级，自卿相、将军以至大夫、庶人，有不从法令、犯国禁、乱上制者，一律罪死不赦。"

景监接话道："左庶长的意思是要秉公处理，斩立决？"

公孙鞅点头道："太子车右仗势欺人，当街私斗，自然罪不可恕，太子虽不在当场，但也有约束不力，失察之责，还是要出来给百姓们一个说法。"

"给百姓一个说法？"秦公、景监不约而同地问道。

"让太子发文谢罪，昭告全国，从而让此事平稳过去，百姓情绪消弭。"

"太子发文谢罪，并昭告天下？"景监吃惊道。

"不错，法之不行，自上犯之，唯有太子以身作则，才能让我国新法推行得更加顺畅，变法之事方可大成。"

秦公沉默良久，方道："左庶长所言，孤以为可行，只是太子性格刚毅，如今要杀他的玩伴，只怕惹得他日后嫉恨。"

"太子嫉恨有何可惧，我惧怕的是以后我们拟定的新法令再没人相信了，一旦新法令无人相信，如何收复河西失地，何谈变法强秦？"公孙鞅掷地有声。

"左庶长说的是。君上，不可对亲贵有所畏惧，使人有所畏惧的应该是法令。"景监也受到了公孙鞅的感染。

秦公长出一口气，起身凛然道："左庶长，景大人说的是，车右嬴回藐视国法，致死人命，理应斩立决。太子疏于约束，失察之责，也应公之百姓，以期对贵族、百姓都是惩戒，尊奉新法，所有人都无例外！"

太子府中，一阵喧闹。府中大堂之上，是一几案，案边坐着三人，居中的是太子嬴驷，一旁的分别是太傅公子虔和太师公孙贾。

公子虔幽幽道："太子殿下，嬴回十日后问斩，这打的可是太子的脸啊！"

坐在正中的嬴驷并没有言语，只是用手倚靠几案，挂着额头。

"是啊，这公孙鞅刚做了左庶长，就给太子难堪。"公孙贾也愤愤不平地帮腔。

"你们以为如何办才好？"嬴驷缓过神来，平静地问了一句。

"这还用说，直接去栎阳令那里把嬴回带回来不就行了！"公孙贾气急败坏地给出主张。

"你怎么总是这么冲动，直接带回嬴回，未免太狂妄了！如今公孙鞅担任左庶长，受命推行新法，还是要给他点面子，我看不妨还是让嬴回在牢里再待些时日，只要保住性命，给栎阳令、公孙鞅认个错也无不可，此时不宜硬抗新法。"公子虔还是老谋深算。

嬴驷不紧不慢道："这嬴回也太过分了，仗势欺人，我本不想搭救他，念在他跟随我多年的情分上，才决定施以援手。太傅所言不错，既然他犯了罪，保住性命已属万幸，多住几天牢狱，也是他罪有应得。"

"太子的意思，是让嬴回在牢中吃点苦头，再施以援手。"公孙贾明白了其中的奥妙。

"公孙鞅推行新法，也是为了秦国富强，以后还是要让太子府的人知道点规矩，别让人说闲话，别给人落下什么把柄，到时不要怪我不愿出手相救。"嬴驷无奈地叮嘱道。

十天之后，秋水萧瑟，渭河之畔，寒风猎猎，只见公孙鞅指挥着一队秦兵，将一排绑缚着双手的囚犯，押解到渭水河畔。这一排囚犯哭爹喊娘，有的双腿颤抖，有的在使劲儿挣扎，有的在低声呻吟，这一排囚犯当中，忽有一声叫骂声分外响亮："公孙鞅，你小人得志，居然敢不告知太子，就对爷下手。"这扯着嗓子拼命挣扎的正是太子的车右嬴回。

"太子，你以为太子会救你？"公孙鞅轻蔑道："嬴回，你当街杀人死罪，与人私斗死罪，你罪大恶极，太子岂会救你。"

"今日我送你上路，就是要告诉大秦百姓，私斗者死，仗势欺人者也绝不宽恕。"

"公孙小儿，你就不怕太子为我报仇吗？"嬴回被架到渭水河畔，仍然骂骂咧咧。

"我有何惧？今日杀你，就是要昭告天下，不

商鞅为让百姓明白，新法不避权贵，不惜得罪太子，也要斩杀嬴回。

尊奉秦法者，我公孙鞅见一个杀一个，哪怕他王亲贵族，也是严惩不贷！"

公孙鞅一挥手，行刑的刽子手将嬴回的头死死按住，嬴回拼命挣扎，却无济于事。

"公孙小儿，老子死也绝不放过你！"嬴回绝望地叫嚷。

"行刑！"公孙鞅面无表情，义正词严地下令。

随着他一声令下，渭水边这一排囚犯被押解的刽子手手起刀落，只见血光飞溅，惨叫之声呼啸而过，瞬间，渭水竟然变成了殷红的血水。

栎阳令大气也不敢出，小心翼翼地对公孙鞅道："今日处决违反大秦新法，罪大恶极的死囚三十六人，已全部行刑完毕，请左庶长大人勘验。"

公孙鞅面不改色地挥了挥手。

栎阳令凑近压低声音道："太子车右嬴回刚已被处决，这事要不要让太子知晓？"

"不仅要让太子知道，今日我就进宫督促君上，要太子尽快发布昭告，向百姓谢罪认错。"公孙鞅一板一眼道。

"是。"栎阳令打了个哆嗦。

嬴回被杀的消息很快就传到了太子府，太子府中立刻炸了锅。

"公孙鞅欺人太甚！"太子嬴驷把手中持着的酒杯摔得粉碎。

"自从新法推行以来，这公孙鞅就一手遮天，眼里只有君上和新政，根本没把太子放在眼里！"太傅公子虔恨恨道。

"这公孙鞅真是狂妄，这是要把我们斩尽杀绝啊。"公孙贾气得连拍几案。

"嬴回已死，人死不能复生。"公子虔叹了口气。

"公孙鞅一个客卿，如今竟权势熏天，我本给他面子，他却毫不给我面子，真是无耻至极！"嬴驷愤愤不平道。

"嬴回不能白死，我们一定要给公孙鞅一个下马威！"公孙贾一拳狠狠砸在几案上。

"只是我们如何对付这公孙鞅，却要好好想想。"公子虔慢吞吞地道。

"甘龙、杜挚等人因为公孙鞅新政，心里憋着一肚子火，我们和他们联起手来，一起扳倒公孙鞅。"公孙贾想到了一个好主意。

"其实变法不能说完全不好，只是公孙鞅这件事做的未免太不地道，太冷酷无情了。"嬴驷说了句话。

"他冷酷无情，也就别怪我们更冷酷无情！"公孙贾接话道，"扳倒公孙鞅，可以由太子您主持新政，我们大家都完全拥护您的。"

公子虔顺着公孙贾的意思道："太子是国之储君，主持新政，也是一种锻炼，赶走公孙鞅，让太子您主政，我大秦岂能不强！"

嬴驷没有说话，只是陷入了内心的煎熬与思考之中。

耕战强国

栎阳城的街道上，熙熙攘攘的人群，忽然有铜锣的响声。大家顺着响声，但见有朝廷官吏，在城角的墙上张贴告示，好奇的百姓们都拥了上来，一个略懂文字的百姓正在认真念道：

"斩一首者，爵一级，……官爵之迁，与斩首之功相称也。凡我将士，于战中斩敌一人者，赐爵一级；其欲为官者五十石，斩敌五甲首而隶五家。"

百姓们发出惊叹之声，"这是啥意思？"一个老大娘模样的人问道。

"这是说秦国的士兵打仗，只要英勇作战，杀伤敌人，都有重赏。"一个年轻人帮她分析道。

"这么说沈大娘他那当兵的儿子有官做了，沈大娘你不用愁以后的生活了。"

"听说那小子打仗很猛，前段日子在河西还俘虏了几名魏军。"

"是啊，俘虏魏军，肯定有重赏，你没听说那杜成搬了根木头，左庶长就奖赏了五十两黄金呢。"

"是啊，我当时就在现场，这左庶长还真是言出必行，说话算数。"一个年迈的老者道。

忽然人群中发出一声兴奋的叫声。

"刘叔，怎么是你？你怎么来到秦国了？"

"阿良，你怎么也到秦国了？"

叫刘叔的是一个一身尘土、满脸沧桑的汉子，与他说话的则是一个厚实低矮的青年男人。

"你不是以前在卫国吗，怎么跑到我们秦国栎阳了？"那青年人激动地拉着刘叔的手，禁不住地摇着。

"这不是你们秦国颁布了垦草令，招徕流民，叫人开垦土地，还有很好的条件，我在卫国混不下去了，就到秦国来碰碰运气，想着靠自己一身的力气，多种些地，在秦国扎根了再续娶个媳妇。"刘叔满脸憨厚地笑着。

"那太好了！不想我们十年不见，今日在栎阳城重逢了。"那青年喜出望外。

"阿良，你怎么也从楚国到秦国了？"刘叔也好奇地问了句。

"我和刘叔一个想法，听说这秦国奖励耕种，厚待流民，我也就千里迢迢跑来看看，希望能在这里安居，刚到秦都还没一个月呢"。

"刘叔你可是已经安排好了住处？"阿良好心问道。

"还没有。你看看，我带着三个孩子，孩子他娘死了好几年了，刚到栎阳城，就是希望先安定下来，缓缓身子，再好好耕种能分到的土地。"

"刘叔，你不知道，这秦国的左庶长推行变法，设置了里典，你到了栎阳城，先要告知你具体居住地方的里典。让他登记造册。"阿良一边爱抚着刘叔身边孩子的头，一边给刘叔建议道。

"里典，我还不知道到哪里找他呢。"刘叔憨笑着。

"没事，我陪你去。"阿良一边笑着，一边带着刘叔和孩子，出了人群，向栎阳城东门的里巷走去。几个人正相互扶持走着，通衢的大街上，几个兵士正押解着一群人缓缓迎面而来，为首的人犯衣着华丽，体态臃肿，但神色凄惨，后面跟随的应该是他的妻子，还有几个侍从模样的人，都是富庶人家的打扮。

刘叔好奇道："也不知道这几个人犯了什么罪？"

阿良指着为首的人犯道："叔叔有所不知，这是我们栎阳城的孙姓富商，作米粮贩卖发家的。新的左庶长大人打击商人，把不从事生产的流民、游食者，连同妻子、儿子一起收入官府，罚作奴隶，这孙姓富商一家人就是因为不好好种地农耕，所以才落得这个下场。"

刘叔点点头，一行人绕过大路，走进背巷，但见街道干净整洁，刘叔不由赞叹道："秦国百姓果然不同于其他诸侯国百姓，一路行来，栎阳城街道之上整洁肃目，好像专门整饬过一般。"

阿良解释道："自从左庶长推行新法，移风易俗，凡是丢弃杂物在大街道上的，就要被砍掉左手，所以大家没有人敢乱扔乱丢杂物了。"

"什么，要被砍掉左手？"刘叔听得打了一个哆嗦。

"是啊，不带吓唬人的，前几日还有个邻里因为把家里的炉灰倒在街道一角，被里典上报，结果真的让官兵们抓去，把左手砍掉了！"阿良讲述得很是惊心动魄。

"这律法未免太严酷了。"刘叔小心翼翼地感慨道。

"听人说，左庶长认为只有严刑峻法，才能让大家都好好种地，为国打仗。"

两人正说话间，一个青年从角侧的农舍跑了出来，脸上挂满了泪痕。

"小武，你怎么了？"阿良分明认识这名青年，不由好奇上前问询。

"我爹让我尽快搬家，赶紧娶媳妇。"小武愤愤道。

"那是好事啊，有什么难过的？"阿良颇为不解。

"我还小，还不想搬出去住，爹不同意，让我下个月必须搬出去。"

"你爹咋这么着急？这么想早点抱孙子？"阿良不以为然。

"不是。听爹说，今早里典来说，朝廷下令，凡是家里有两个男丁的，必须在一个月内完成分家，不然的话，要加重田租，我们家本来就穷，孩子多，我爹说了，让我哥和我必须尽快搬出去，要尽快娶媳妇生孩子，说朝廷告示，如果能多生孩子，早生孩子，都会有重赏。"小武言辞间甚为沉重而无奈。

"你哥和你都还不大，独立出去，怎么生活啊？"阿良好心问了句。

"我哥说了，左庶长大人正在建立秦国的锐士，擢拔英勇善战的士兵，我哥想去试试。"小武解释道。

"那你呢？"

"我哥说了，他去当兵为国打仗，我就在家照顾爹妈，这任务就交给我了，可现在我也要分家独住，谁来照顾我爸妈呢？"小武说得分外伤感。

小武、阿良、刘叔一家在里巷正自闲谈，忽然听得大街上又是一阵骚动，有人高声喊话："左庶长大人车驾路过，左庶长大人车驾路过！"

几人急忙转身。"去看看。"阿良一行人向正街的高台处跑去，只见大街上四面聚拢的人群渐渐把街道两边挤满了，不一会儿，一队车马缓缓而来，只见公孙鞅的座驾前后分别有五驾护卫车马，每辆车马上面都站着顶盔贯甲的英武卫士，这些卫士身强力壮，持矛操戟，一个个严阵以待，在车队中间座驾上的公孙鞅昂首挺胸而立。

百姓们看见左庶长，纷纷行礼。公孙鞅停下车驾，冲人群挥手道："诸位父老乡亲，不必拘礼。我此次路过这里，只是想问问大家，为什么秦人被诸侯列强认为是蛮族野人？"

百姓们都不言语，公孙鞅自问自答道："戎翟之教，父子无别，同室而居，因此我们被中原诸侯轻视，我变法改制，就是要移风易俗，改变秦国的蛮人气象，从现在开始，秦国富足的人家，孩子们都要独立出来组建新家，家里贫穷些的，孩子们也要积极入赘，以后大家办事，没有后门可走了，要相信朝廷一切问题都会秉公处理。"

公孙鞅忽然指着人群中背着行囊的刘叔道：

"这位老者，是从哪国来到我们大秦的啊？"

"卫国。"刘叔一愣，小心翼翼地回答道。

"原来是来自我的母国啊。"公孙鞅点了点头，冲人山人海的百姓道："我大秦国地广人稀，欢迎诸侯国的百姓能像这位老者这样不远千里来到我秦国，人众兵强，乃是强秦的根本。"

公孙鞅顿了顿，继续道："欢迎大家来到国都栎阳的同时，也欢迎更多的百姓到我国广阔的西部去谋生，只要大家举家迁徙，好好耕种，我们将把田地分给大家，只要大家用心生产，男耕女织，谁耕种的土地多谁就拥有这土地的生产权，任何人，包括贵族也不得侵犯。我在此宣布，将对这些移民在住房上给予优待，尽量帮助百姓的子孙能够在那里安居乐业。我公孙鞅立誓，要让秦国的百姓们都安居乐业！"

"好！好！"围观的百姓不由欢声雷动。

刘叔和小武、阿良一边鼓掌一边露出了开心的笑容。

"这下我们老百姓的日子好过了。"阿良兴奋地摆着手说。

"是啊，我会写信给在赵国的二弟，让他们也早点到秦国来生活，只要肯干能吃苦，就有土地，就有住房，就不愁娶不上媳妇。"刘叔一副幸福的模样。

"小武，你也别伤心了，只要肯吃苦，好好种地，离开了父母照样可以活出个人样。"阿良拍了拍小武的肩膀。

"嗯，就是，左庶长大人说了，只要我好好耕种，就能安居乐业。"小武揉了揉发红的眼睛，也认真地说。

公孙鞅在秦国致力变法，颁布了许多新的制度法令，让秦国日渐富庶强大了。四年之后，秦公升公孙鞅为大良造，这是当时秦国的最高官职。

迁都咸阳

栎阳城大良造府邸，尸佼急匆匆走了进来。

"今日老师怎么看起来气色不好？"公孙鞅抬头看了一眼尸佼，又低头继续观看几案上展开的秦国地图。

"你倒是气定神闲，难道没听到太子府的一干人等对你的变法一直冷嘲热讽？"尸佼坐下来喝了口水道。

"老师曾教我疑行无名，疑事无功。变法本就是流血、要命的事，几个小人的风言风语管它作甚？"公孙鞅直起了身子，镇定自若。

"如果只是冷嘲热讽，虽然刺耳，权当是苍蝇嗡嗡，只是最近听说他们几个人走动频繁，似乎是要下手对付你。"尸佼不无忧心叮嘱道。

"几个失意的旧贵族，翻不起什么风浪。"公孙鞅自信地摆摆手。

"老师，你来看，我已上奏君上，准备在全国废黜封邑，推行县制。"公孙鞅的眼睛完全离开了地图，从几案一侧拿起一部简册递给尸佼。

"先献公之时已经开始在我国设县，只是没有普遍推行，我计划把全国各地特别是秦国腹地原来分散的许多乡、邑聚合而为县，将全国的所有土地与人民都分别纳入'县'之中。更要在县设县令、县丞、县尉。县令作为一县之长，县丞掌管民政，县尉掌管军事，从今往后，这三个县上的长官人选皆由君上直接任命，对君上负责。"公孙鞅对拿着简册观看的尸佼解释道。

"你这是要拿占据封邑的宗室开刀啊。"尸佼一边仔细看简册一边给出了自己的判断。

"不错，秦国的衰弱，在于宗室特权太大，我们变法，宗室非有军功，不得论属籍，但只要封邑存在，他们就是百足之虫死而不僵，只有废除了封邑，才能从根本上解决问题。"公孙鞅胸有成竹道。

"我计划将秦国分为三十一县，配置定额俸禄的小吏，这些人朝廷都可以直接任免，不能像宗周时代封邑那般世袭，只有这样，才能民不劳、征不烦、业不败、草必垦。"公孙鞅在几案边立定，手在地图上指指点点，像是自言自语，又像是给尸佼解释。

"嗯，这个办法好！这样就能把全国政权、兵权集于朝廷，便于君上巩固权力。"尸佼毕竟是个聪明人。

"老师认同就好。"公孙鞅微微笑着。

"只是……"尸佼有些犹豫。

"老师担心什么？"

"你废井田，开阡陌，废封邑，设县制，比前些年开展的建立军功爵制、垦草、徕民，要得罪更多的宗室，你这是把自己置于惊涛骇浪之中。"尸佼忧虑道。

"老师你怎么变得如此小心翼翼了。举凡变法，哪有个人荣辱可言，既已经在秦国施展所学，我必竭尽全力，而且君上这几年对我甚为信任，

"只要君上不动摇，几个宵小之辈，翻不起什么大浪。"公孙鞅安慰尸佼。

"可能是我老了，胆子反倒小了。"尸佼无奈地点了点头。

"那我明日就与赵良安排废封邑，设县的具体事宜。"尸佼顿了顿，"而你近日还是要多加小心。"

"这个不急，老师，你来看。"公孙鞅哈哈大笑，他打开地图，指着地图上渭河之北一大片土地道："老师，你觉得这块土地如何？"

尸佼仔细看了看，这土地身处关中腹地，在渭水之北，九嵏（zōng）山之南，是一处沃土。

"你的意思是要另建秦都？"尸佼惊得目瞪口呆。

"不错，既然栎阳城旧贵族势力根深蒂固，莫如我们找个新地方，好好干一场！"

几日后，栎阳城大殿，秦公坐在中间上座，公孙鞅、景监、甘龙、杜挚、公孙贾、公子虔等随侍在侧。

只听杜挚气急败坏道："大良造迁都的提议，

实在是荒谬至极！"

　　"秦都栎阳，乃是先献公之时刚刚举国到此，以示收复我河西失地的决心，距今不过三十余年，而且栎阳北依荆山，南眺渭水，是北却戎狄、东通三晋的便利之地，又商业繁荣。建都在此，乃是献公遗命，岂能舍之不用，大良造的提议乃数典忘祖！断不可行！"甘龙气得直哆嗦。

　　"君上可记得先公十八年，有黄金的石头随雨而落栎阳，乃是祥瑞，因此先公特此赐名雨金。"公子虔引经据典道："天降祥瑞，正是栎阳乃王者之城，岂能因大良造一时武断而放弃国本。"

　　"是啊，迁都乃是动摇国本，万万不可！"公孙贾也跳将出来。

　　坐在上坐的秦公沉默不语。

　　"诸位大人的意见，都是抱残守缺。"景监首先反击道。

　　"栎阳之地虽在河西，献公期望收复河西之地而迁都于此，但过于靠近魏国边防，如今魏国国力正盛，两国交兵，往往让我们国都处于危险之中。况且咸亨、阳里之地又是宗周故土、富饶之所，迁都乃是我秦国变法大势所趋。"

景监声音洪亮，言语铿锵，明显与甘龙等人针锋相对。

公孙鞅定了定心神，接着景监的话说道："景大人所言不错。栎阳虽好，但长陷入军旅忧患，渭阳扼渭水之渡，地势平坦，北有九嵕山，更是易守难攻，更重要的是我们大秦以农立国，渭阳之地乃宗周故土，土地肥沃，迁都于此，正可以大兴农耕，富国强兵。此地是据天下之上游、制天下之命的要害所在，建都于此，也好展现我大秦崛起的崭新气魄！"公孙鞅言辞充沛，条理清晰。

"大良造力主迁都的真实想法，是怕我等在栎阳城抵制你的新法吧。"杜挚没好气地反唇相讥。

"怕？为大秦变法图强我从来不惧生死，岂会畏惧宵小的暴雨狂澜？"公孙鞅轻蔑道："我大秦旧都雍城距离中原较远，乃我西部老区，方便控制陇西、巴蜀两个方向，是沟通西北、西南两大领土的枢纽，但离中原稍远。现在的国都栎阳距离中原较近，是我东部新区，虽然方便沟通中原三晋与北方狄胡，但无法与西北、西南保持直通。秦与强楚贸易多走武关一线，而从大秦东南的商地进入关中后必经我今日选定的这新都。况且，从北部南下的人力、物力也可以通过我选定的新址，转向栎阳、雍城、武关三个方向。"

公孙鞅侃侃而谈，他扫了一眼这几个朝中重臣，正色道："我负责变法事宜，致力于大秦国富民强，希望万众一心，如今选定的国都新址，可谓东西兼顾，执其两端，最为合适不过！"

"公孙鞅，你……"杜挚话说了一半。

"大良造，你选定的新址是广袤的平原，位于九嵕山之南、渭河之北，古来山南水北为阳，为光明之地。的确煞费苦心。"秦公一字一句道。

"这国都新址可定好了名号？"秦公开口，喧嚷的廷堂顿时安静了下来。

"暂时还没有，就请君上赐名。"公孙鞅反应机敏。

"山南水北，俱为阳，咸亨、阳里都是在这里设置的乡里，孤觉得不如将两个里名各取一字，又切合俱为阳之意，命之咸阳！"秦公一言九鼎。

"咸阳？"

"咸阳！"

群臣都在心中念叨这两个字。

"咸阳，都是光明温暖的地方，我大秦乃太阳子孙，此名真是好到无以复加！"公孙鞅不禁击掌赞叹道。

"秦新都咸阳，筑冀阙宫廷，诸位不要再争执了，孤心意已决，迁都大计，即刻实行！"秦公不容置疑地下了结论。

公元前350年，秦国在公孙鞅的主持下，迁都咸阳，继续深入推行变法改制，秦国的面貌为之焕然一新。

山雨欲来

公元前346年，富丽堂皇的咸阳城大良造府邸。这晚大雨如注，雷声隆隆，侍从赵良急匆匆进得屋子，卸掉避雨的雨衣，面有紧张的神情。

公孙鞅从疲惫中惊醒问道："赵良，发生了什么事情？"

"祝懂在自己的封邑起兵造反，听说打出的旗号是清君侧，这明显是针对大人你来的。"

"祝懂？"公孙鞅一愣，"他不是太子的心腹吗，他居然敢造反？"

赵良叹了口气："大人把这些宗室逼迫得太急，这些年一直在削弱他们的权力。这祝懂被尸佼大人派去的新县令欺辱，一时气愤不过，就杀了县令，拥兵造反，并上书君上，檄文上说要君上当机立断，诛杀祸国殃民的大良造。"

"真是胆大包天！"公孙鞅不屑一顾。

"你通知尸佼，让他派兵镇压。抓住这逆贼，枭首族灭，绝不宽恕。"

"诺。"赵良应了一声，却并没有转身离开。

"赵良，天很晚了，还有什么事吗？"公孙鞅察觉出赵良的异样，不禁问道。

"听闻公子虔、公孙贾近些日子和这祝懂来往甚密，尸佼大人担心此事牵连到太子。"赵良小心地问了一句，恰有一道闪电划过夜空。

"太子？"公孙鞅走到窗前，但见外面的大雨还没有停歇的迹象，电闪雷鸣之中，有阵阵的寒气袭来。"变法的头一年，太子的车右嬴回私斗杀人，被我明正典刑，我想太子是个聪明人，不会不知道轻重。"

"大人还是要谨慎为好。"赵良的声音被淹没在哗哗的雷雨声中。

"通知尸佼，迅速平定叛乱，如有祝懂与公子虔、公孙贾阴谋勾结的证据，立即送达给我。"公孙鞅脸色凝重地下令。

赵良诺了一声，这次方才退了出去。

一个月后，祝懽之乱被完全平定，尸佼在赵良陪同下来到大良造府邸，见到公孙鞅，尸佼捧上一个盒子。

"这是什么？"公孙鞅问道。

"公孙贾、公子虔煽动祝懽造反，要诛杀大人的往来密函。"

公孙鞅起身将这盒子打开，一一拿出打开核实，真是证据确凿，字字惊心。公孙鞅的脸色微变，随即又冷静下来。"赵良，你速带领一队我府上锐士，去太子府抓捕公子虔、公孙贾，务必将他们捉拿。"

"大人，到太子府抓人，如果太子阻拦……"赵良吃了一惊，犹豫道。

"太子大，还是国法大？你只管奉命行事，抓人即可。"公孙鞅厉声道。

赵良愣了片刻，示意一边站立的尸佼劝解几句。

"大人，上次因嬴回事件我们已经得罪了太子，如今又要去找太子府抓人，未免太过鲁莽。"

尸佼阻拦道。

"老师谨小慎微，如何厉行变法？"公孙鞅振振有词。

"你教我刑名之学，法为治国大本，岂能儿戏？公孙贾、公子虔预谋造反，必须明正典刑！"公孙鞅怒气腾腾。"即使与太子闹翻，我粉身碎骨，也要让恶人被惩治，新法必须在秦国坚持推行！"

"我是觉得我们可以诱捕公子虔、公孙贾，而不要明目张胆地与太子对抗。"尸佼道。

"老师有什么好办法？"公孙鞅好奇起来。

"暂时还没有。"尸佼面无表情。

"既然没有好办法，那就直接抓人，逮捕首恶，刻不容缓。"公孙鞅道。

赵良沉默一阵，诺了一声走出屋子。

尸佼话到嘴边也只得收了回去。

公子虔、公孙贾被赵良带的锐士强行从太子府带走之时，太子气得脸色惨白，却也无可奈何。等稍安定了心神，嬴驷急忙进宫请求面见君上，被宫中侍从急匆匆带到寝宫见到秦公，迅速稽首行礼后，嬴驷禁不住大哭。

"父亲，这公孙鞅欺人太甚，居然派部属赵良带领军士到我府中，强行抓走公子虔与公孙贾，这是公然藐视宗室，无法无天了！"

秦公闻听此言，心中也是大震，待片刻冷静下来，问道："大良造逮捕公子虔、公孙贾，这是为何？"

"大良造造谣说公子虔、公孙贾与祝懂沆瀣一气，参与了反叛的阴谋。"

"阴谋……"秦公看着自己的儿子，心中大致明白一二。"这件事我自然会调查清楚，公子虔、公孙贾虽是你的老师，但如果真是参与了大逆不道之事，也是罪不可恕，我绝不会法外开恩！"秦公怒道。

"父亲，你就如此信任公孙鞅？任由他为所欲为。"嬴驷赌气道。

"驷儿，大良造主持变法这些年，秦国的富庶强大有目共睹，你不会因为在太子府，闭目塞听，乃至对大良造的功业充耳不闻吧。"这句话明显有责备嬴驷之意。

"儿臣不敢，我也看到大良造这几年为我大秦夙兴夜寐，但公子虔、公孙贾断不会参与谋反，这个我敢以人头担保。"嬴驷说得绵里藏针。

"人头担保？胡闹，堂堂太子，岂能意气用事！还不退下！"秦公气得拍了几案。

嬴驷见父亲生气，只得止住了言语，悻悻退下。

公孙鞅得到太子到秦公面前告状的消息，很快就来觐见秦公，秦公还没从太子的一番折腾中缓过神来，见公孙鞅进来，秦公扶着左额道："大良造，来找孤有什么紧要事情吗？"

"君上，这是从祝懂处发现的公子虔、公孙贾参与密谋反叛的铁证，请君上过目。"公孙鞅少了客套，直接将那个盒子递给秦公。

秦公打开观瞧，越看脸色越是难看，看得出来，秦公内心也在翻江倒海。

"公子虔、公孙贾鼓动太子要扳倒大良造，糊涂至此，实在是……"秦公咬咬牙，狠狠攥紧拳头，不知说什么好了。

"君上，朝廷重臣策动谋反，按大秦律法，必须严加惩处。"公孙鞅道。

秦公倒吸一口凉气，"你是说太子、公孙贾、公子虔都要……"他说不下去了。

"是，国法如山，刑无等级，我制定的秦法，君上下令颁行，其中核心就是自卿相、将军以至大夫、庶人，有不从王令，犯国禁，乱上制者，罪死不赦。"公孙鞅面无表情。

"只是太子……"秦公黯然道，"他毕竟是孤百年之后的继承人。"

"太子虽受蛊惑，但并无谋叛的实际行动，只需将太子身边的部属问罪，对太子严加管束。君上不必忧心。"公孙鞅解释道。

"太子的部属？"

"像公子虔、公孙贾这等重臣，我一直让他们悉心教导太子长大成人，不想他们竟然蝇营狗苟，利欲熏心。"秦公也是痛心疾首。

"既然君上无有异议，我对公子虔、公孙贾自会秉公执法。"公孙鞅认真道。

"你要如何处理？"秦公犹豫了一下，还是问了一句。

"按照大秦律法，祝懂造反已被问斩，公子

虐、公孙贾煽动造反，密谋诛杀朝廷大臣，虽非首恶，也是大罪。应受劓刑、黥刑之罚。"

"劓刑、黥刑！"秦公脑袋轰的一声。

"治国当重赏重罚，君上记得当年立木取信的事情吧？"

"当年你在栎阳城南门的杰作，我岂会忘记。"

"这是重赏，我在渭水诛杀囚犯，赢回授首，那是重罚。"公孙鞅步步紧逼。

"这些年秦国在你主持变法之后，的确变得日渐强大了。看来我一直没有用错人。"回想起栎阳城君臣同心变法的往事，秦公有些欣慰道。

"公子虔和公孙贾的事，你一如秦法去处理，出了事，我为你抵挡风暴。"秦公想到秦法，不由收回了刚才的恻隐之心。

"这都仰仗君上的坚定支持，我才可以放开手脚，大胆推进。君长如青山，我自永为松柏。"公孙鞅也有些激动。

秦公点点头，公孙鞅心中的暖流也在激荡之中。

数日之后的咸阳城，传来一声惊雷。太傅公子虔、太师公孙贾因违反秦法皆被处以酷刑，公子虔被挖掉了鼻子，公孙贾被施以脸上刺字的墨刑。

太子嬴驷被严加管束，暂时不准参与国政。

听到这消息的咸阳百姓，都议论纷纷。

"这公孙鞅真的是执法严明，一视同仁。"

"这公孙鞅真的是天不怕，地不怕，这不是与太子决裂的架势嘛。"

"别看他今日蹦得欢，小心以后被报复啊。"

一时间，满城都是风雨之声。

这件事之后，百姓们从此更加尊奉秦国的新法了。公孙鞅的新法在秦国已经推行十余年，前六年在栎阳城，迁都到咸阳之后，秦民从开始的不习惯变得日益顺从了，秦国更出现了道不拾遗、山无盗贼的治安改善局面。百姓家中富足，战士勇于为国家效力，整个秦国脱胎换骨一般，逐渐实现了富强。

智取河西

公孙鞅踌躇满志地站在咸阳城宣政殿的高阶之上，看着宫殿前高耸的冀阙上张布的法令，众多官员在下面一字一句地抄录，不远处的尸佼、景监正向他这边走来。

景监面带春风，边走边笑道："大良造，好消息，好消息，魏军在与齐军的马陵大战中惨败，十万精锐全军覆没，主将庞涓自杀，太子申生也被齐军俘虏！"

"更重要的是，刚得到消息，获得大胜的齐王计划联合宋国继续攻魏，齐国也已派使者到达咸阳，意图让我大秦与齐、宋两国联合攻魏。"尸佼补充道。

"这齐王真是得寸进尺啊！"公孙鞅迅速走下高阶，与景监、尸佼会合。"魏王放走孙膑，如今怕是要悔破了肚肠。"

"十三年前的桂陵之战，孙膑用围魏救赵之策大败庞涓，这次又玩了个减灶增兵，庞涓怎么会如此蠢笨，就轻易上当，还丢了身家性命？"景监不解。

"这庞涓并非庸碌之辈，是个将才，却两次败于孙膑，只怕是过于骄傲贪功，孙膑将兵不厌诈的兵家思维玩得炉火纯青，这两次大败魏军，诸侯战略格局可要发生大改变了。"公孙鞅沉吟道。

"大人的意思是，诸侯间的力量对比发生变化，齐国崛起，魏国衰落了？"景监似乎也看出一点门道。

"不错，景大人说得不错。"尸佼插话道，"列强纷争，瞬息万变。唯有继续韬光养晦，变法图强，才能站稳脚跟。"

不想公孙鞅摇了摇头，"韬光养晦虽然重要，但遇到时机，我们也要断然出手。"

"断然出手？大良造的意思是……"景监愣

住了。

"你们随我进宫面见君上，商量一下如何回复齐国使者。"

景监、尸佼随着公孙鞅不敢耽搁，急忙前去面见秦公。

殿中的秦公正伏在几案前看诸侯国的形势地图，见他们三人一起到来，似乎已在意料之中。

秦公先招呼道："大良造，景监，尸佼先生一同前来，是有什么大事要与孤商量？"

公孙鞅与尸佼看了眼景监，示意他先陈述事情。

景监也不客气，直冲冲道："君上，听闻齐国的使者已经来到馆舍，君上尚未召见齐使，不知君上有什么打算？"

秦公一愣，笑道："你们以为孤有什么想法？"

"看这几案前放置的舆图，君上是认为我们大秦收复河西的时机到了！"公孙鞅胸有成竹地猜测。

"收复河西？"景监吓了一跳。

"难道景大人不认为，魏国败于齐国，正是我大秦锐士收复河西百年失地的千载良机吗？"公孙鞅说得似漫不经心又颇为肯定。

秦公哈哈大笑。"大良造的想法与孤完全一致！"

秦公与三人一并走到几案上的舆图前，秦公指着秦魏之间广袤的河西之地道："河西之地，乃是我秦人故土，自魏文侯、武侯时代，被魏将吴起侵夺去大片土地，孤自即位以来，深以为耻辱，但囿于国力衰微，不敢与强魏一战。如今魏国在马陵之战惨败，精锐尽丧，齐国又与宋国从东面继续进击，魏国东线作战正处于焦头烂额之际，岂不正是我大秦收复河西，告慰列祖列宗的大好时机？"

景监听得入神，赞叹道："君上果然英武睿智！"

公孙鞅见秦公已有与魏开战之意，自然是心中欣喜，于是补充道："两年前，我军已夺取武城，在魏国的河西战线打入了楔子，与魏国百年的河西争夺，已到了我军全面反攻的时候了。"

"只是魏国强大，虽兵败马陵，但依然实力雄厚，我军一旦开战，只怕陷入与魏国的长期消耗之中。"景监不无忧虑道。

"景大人此言差矣！"公孙鞅指着舆图上的秦魏形势图道："魏国对秦国而言，并非肘腋之患，而是心腹大疾，如果不是秦国彻底击败魏国，就将是魏国兼并秦国，秦魏之间，是你死我活的生死之战。"

"生死之战？大良造未免夸大其词了！"景监不以为然。

"并非夸大其词。"公孙鞅声音提高了许多，"魏国地处中原，与秦以黄河为界，而这百年来独擅山东之利。向西发展就来攻打我国，向东进取则称霸中原，魏王因此一直是列强中的首霸雄主。如今我大秦因君上英武，励志变法而国势日强，魏国霸业这十余年被齐国撼动，桂陵、马陵两次大战，昔日吴起练就的魏国精锐武卒损失殆尽，其他诸侯与魏王也是日渐离心。我们秦军趁此千载良机进占河西，魏国必然退缩，河西之地乃秦霸业之根基，等夺回河西，我大秦占据河山之固，向东可以逐鹿中原，这正是君上千秋霸业，最终天下一统的开始啊。"

秦公听得入神，赞道："听大良造说这天下大格局，真的是如醍醐灌顶一般。"

尸佼道："不错，大良造所言极是，与魏河西决战，乃因变法而强大起来的秦国逐鹿中原的首战，此战只许成功，不许失败！"

秦军兵临河西。

"好！"秦公拍案道。

"大良造，今日你所言，甚合孤心。我今命你为伐魏主帅，由你统军进占河西！"秦公毫不含糊，趁热打铁。

"诺！微臣一定拿下河西，为君上、大秦一雪百年耻辱！"公孙鞅也当仁不让。

河西之地，一马平川，公孙鞅率领浩浩荡荡的秦军从咸阳开拔，一路风餐露宿，不几日就到达武城（今陕西华县东），与魏国河西大军相持对峙。大军安营扎寨，一切准备停当。

尸佼、赵良走入公孙鞅军帐，公孙鞅一身铠甲，正在军帐的座位上闭目沉思。

"我已遵照安排，派遣使者与赵国、齐国歃血为盟，赵肃侯、齐威王已派遣大军，与我军约定共同行动。"尸佼禀报。

"我按照大人吩咐，已查探明白，与我军对峙的魏军主帅是公子卬。"

"公子卬？"公孙鞅忽然睁开了眼睛，"是谁？"他脸上浮现出一丝不易察觉的表情。

"魏国公子卬。"赵良重复了一遍。

公孙鞅和尸佼不由交换了眼色。

"这是我在魏国公叔痤幕府之时的故人啊！"公孙鞅长吁了一声，"不想今日在战场相见。"

"如今两军对峙，大人有什么良策破敌？"尸佼关切地问了一句。

公孙鞅起身，在军帐中来回踱步，尸佼和赵良也不敢出声，良久，公孙鞅道："魏军败于马陵，乃在于孙膑减灶增兵的诱敌深入，兵不厌诈，我如今想到一计，比之孙膑，当也不逊。"

"什么计策？"尸佼、赵良都很好奇。

"天机不可泄露。"公孙鞅故弄玄虚道："赵良，你修书一封，邀请三日之后与魏帅公子卬在武城清溪河畔相会，以叙故人之情。"

"清溪河相会，以叙旧情？"赵良不解道。

"不错，先与敌人的主帅见见面、叙叙旧再说。"公孙鞅自信道："我大秦国力已经今非昔比，不日即可收复河西。你们安心就是。"

赵良于是为公孙鞅代写书函，用箭射入魏军营寨，很快送至公子卬军帐之中，公子卬展开观瞧，但见书道："昔日在魏国，你我故人同游，今你我分别是两国的主将，兵戈相见，将士流血，实在于心不忍，不如我们两位故人各带三名侍从在清溪河一会，看能不能共同定个盟约，为秦魏相好，罢兵息战。"

公子卬看罢不由心中温暖，对身边的部将道："不想与我们交手的秦军主帅就是昔日故人公孙鞅。"

"虽是故人，如今却是敌军主帅。两军交战，各为其主，大帅不可意气用事。"部将劝道。

"他约我三日后在清溪河一会。"公子卬放下书信，叹了口气。

"大人以身犯险，只为与故人一见，置七万将士、国家荣辱于不顾？"部将急道。

"你们不用紧张，公孙鞅在先相国公叔痤座下，曾担任中庶子，也是一个重信之人，清溪之会，只是私人行为，我去去就回，不必担心。"公子卬不以为然。

"大帅，此事非同小可……"

公子卬摆手，"你们不必劝了，我自有主意。"

三日之后，清溪河畔，公孙鞅早已安排了酒

席。公子卬只带了三名随从，如约而至。公孙鞅也按照约定，一行只有四人，在清溪河畔的席前迎接。

伴随骏马嘶鸣之声，公子卬果然到来，公孙鞅不由大喜过望，急忙上前对公子卬拱手道："十五年光阴，白驹过隙，不想今日，会与卬兄在军前相会。"

公子卬看公孙鞅青衣素简，神色怡然，只是比之往昔成熟许多，也不禁感慨："公叔痤府中一别，真是恍如隔世。"

两人坐定，先共饮水酒，秋风徐来，颇为萧瑟，酒水入肚，百般滋味。

公子卬首先道："与公孙兄魏国一别，不想在秦国竟干出了一番伟业，如今已经是秦国的大良造了，实在是世事无常，令人赞叹！"

公孙鞅笑着摆摆手，道："兄莫笑我，昔日在公叔痤恩师座下，与兄多有同游，当时兄虽然贵为公子，却尚未掌握军机，如今也得魏王重用，听闻兄这几年在魏国与庞涓并为统军大将，深得魏王擢拔信重。"

商鞅用诈，骗来公子卬。

"士当为知己者死，公叔痤相国曾将公孙兄引为知己，不想公孙兄却背魏报秦，难道不觉得对老相国心中有愧吗？"公子卬语带讥刺。

"恩师待我厚意情深，我常常铭记于心。"公孙鞅叹了口气，"只是魏王无道，致使我无以报国，只能跑到秦地安身立命，魏王狭隘，乃至孙膑受奇耻大辱，被人相救到齐国方才出头，兄在魏国，听闻也是被庞涓屡屡排挤，莫如也到秦国，与我一同辅佐我君上，为大秦效力。"

公子卬沉沉放下酒杯，怒喝："公孙兄，你什么时候成了秦君的说客了？"

"魏王鼠目寸光，难成大事，兄还是早做打算的好。"公孙鞅举起酒杯，将席案的酒水一饮而尽。

"今日我来见你，乃是念记故人情深，既已见过，明日战场交锋，无须多言。"公子卬又举杯也将酒水一饮而尽，准备起身离去。

"公子卬，你既然来了，怎么能说走就走？"公孙鞅忽然提高了语调。

"公孙鞅，难道你要强留我不成？"公子卬一声冷笑，跟随他的三名侍从齐刷刷拔出了长剑。

"孙膑在马陵之战射杀庞涓，今日我在清溪会盟要生擒你公子卬。"公孙鞅怒喝一声。

话音刚落，但见一侧的树林中登时冲出一队秦军锐士，拦住了公子卬四人的去路。

公子卬不由大怒："公孙鞅，你言而无信，居然埋伏了甲兵。"

公孙鞅见胜券在握，镇定自若道："兄请见谅，所谓兵不厌诈，今日你既然来了，就不要想着回去了。"

"众将听令，活捉公子卬者有重赏。"公孙鞅变了脸色。

"公孙鞅，你无耻，毫无信义。"公子卬大怒，他有点后悔自己的草率决定了。

三名侍从挥刀拼力保护，但明显寡不敌众，很快就倒在了血泊之中。

公子卬见今日大势已去，准备挥剑自杀，被逼到身旁的公孙鞅把手中的佩剑打落在地。"兄何必为难自己，我说过，你今天是回不去了，以后为大秦效命，你是个将才，在大秦还可以好好施展所能。"

公子卬知自己落入秦军之手，不由骂道："公孙鞅，你背信弃义诳我到此，实在是令人齿冷的行径！"

公孙鞅冷笑一声："兄难道忘了，我所学的刑名之学并不讲什么信义承诺的虚名，而是要看成效结果，只要达到目的就是了。"

"你……"公子卬气得说不出话来。

公孙鞅对身边的赵良道："通知尸佼，公子卬已经被我擒获。令他带领精锐三万，即刻从侧翼攻击魏军驻防营地，并将公子卬投降我军的消息在战前通告，我则亲率主力从武城出击，魏军一时无主，当可大破！"

赵良犹豫了一下，他显然不是很认同这种擒获公子卬的方式，但主帅有令，也不好推却，只得急忙去办。

"公孙鞅，你是个小人！"被秦卒押解的公子卬气得浑身发抖，却无可奈何。

魏军听闻主帅公子卬被擒获，斗志全无，防线彻底崩溃，公孙鞅指挥秦军一路奔袭，收复了河西大量失地，俘虏杀伤魏军无数。

公子卬被擒，魏军河西大败的消息传到魏

国，魏王气得呕血不止，当想到指挥秦军的竟然是昔日在魏国的公孙鞅时，魏王长叹了一声："真后悔当年没有听老相国的劝谏，才有今日河西之败啊！"

经过一番朝中廷议，考虑到魏国面临强大起来的秦、齐夹击的战略困境，魏国不得不做出痛苦的抉择，将河西占领百年的大部分魏国土地割让给秦国，并派遣使者向秦公求和。

秦国此时的强大，就连名义上的共主周天子也坐不住了，于是打发使者送祭肉给秦公，封秦公为"方伯"，中原的诸侯也纷纷向秦国遣使道贺。

秦公为表彰公孙鞅的巨大功勋，在河西之战后，封赏公孙鞅於商十五邑，从此，公孙鞅也被称之为"商鞅"，百姓们则称呼他为"商君"了。

月盈则亏

　　光阴似箭，日月如梭，公孙鞅在秦国主持变法已经十八个年头了，秦国的面貌为之焕然一新。当时秦国的国库之中，堆积的米粟多如山丘，秦国民风淳厚，"道不拾遗，民不妄取"，更重要的是大秦军力强盛，已经从诸侯轻视的野蛮国家一跃成为实力雄厚、不可等闲视之的一流强国了。

　　公元前338年，一个阴雨绵绵的黄昏，公孙鞅从咸阳宫见过秦公，脸色郁郁地离开寝宫，回到自己的府邸之中，半晌沉默无语。身边的赵良见他脸色很不好，小心翼翼地问道："君上的情形……"

　　自从今年开春，秦公就生了重病，一直卧床不起，朝内朝外，都是公孙鞅在支撑国家的日常运转，今日公孙鞅的脸色，看来秦公的情形要严重得多。这不仅是公孙鞅的心病，也是赵良为之焦虑的事情。

"赵良，你是我的心腹，今天我想和你聊聊知心话。"公孙鞅坐在屋子中，有些伤感。

"臣不敢，大人请讲。"赵良也有些沉重。

公孙鞅长叹一声："今日觐见君上，看他的情形，可能也就是这几日的光景。"

赵良心里咯噔一声，他明白，公孙鞅说的意思是秦公不行了，如果秦公撒手而去，无疑将是秦国的一场巨变，而商君和自己要何去何从，的确是要提前谋划一番的好。

"君上如果有事，即位的自然是嬴驷，大人和太子之间，颇有些不睦……"赵良欲言又止。

公孙鞅缓缓说道："如今君上已时日无多，赵良，你觉得我该何去何从？"他像是自言自语，又像是向赵良求教。

赵良缓了口气，说道："月满则亏，水满则溢，大人不妨把所封的商地交还给新君，辞去官职，到偏僻荒远的地方隐居避祸，这样才可在大难来时保得平安。"

"除此还有没有别的法子？"

"别无他法。"赵良摇摇头，苦笑道："大人如果不急流勇退，君上一旦离世，只怕大人想走都成为奢望了。"

公孙鞅脸色微变，他听得出此中的紧要，半晌没有言语。赵良欲言又止，只听得屋外轰隆隆的雨水惊雷之声。

公元前338年，秦公在当政二十四年，任用公孙鞅变法十八年之后因病去世，秦国陷入一片悲痛之中。

闭门八年不出的公子虔此时忽然出现，与甘龙、杜挚等贵族老臣一致拥戴太子嬴驷即位，成为新的秦公。嬴驷刚一登基，公子虔就诬告大良造公孙鞅谋反，嬴驷心领神会，于是下诏秘密捕杀在外征战的公孙鞅。

此时的公孙鞅，在秦、魏的岸门之战中刚刚获得胜利，此战俘虏敌将魏错，公孙鞅率领大军押着魏军的大批俘虏正回师咸阳，截获了嬴驷即位之后要捕杀自己的密函。公孙鞅看过密函不由脸色大变，良久方缓过神来。

在他身侧的尸佼接过密函，也是半晌不语，而后献计道："为今之计，只有放手一搏，你手握河西得胜归来的兵马，莫如杀回咸阳，废了秦君……"

公孙鞅摇头道："我为大臣，嬴驷现在已经是秦君，臣子自然不能不忠于君上，岂可在这个时候举兵篡位？"

尸佼叹了口气，只得道："你既然如此想，那也别无他法，咸阳看样子是回不去了，既然秦国的变法大业初成，我看我们还是早点逃命的好。"

公孙鞅无奈道："不想一世功业，就如过眼云烟。老师，离开秦国，我们又能去哪里？"

尸佼也叹了口气："如今列国纷争，没有多少安宁的净土，我看我们还是一起到蜀国去，也许可以安身立命，颐养天年。"

公孙鞅感慨道："我在秦国变法一十八载，秦为之强，如今朝堂生变，一夜之间，从权倾朝野的大臣变成了被追捕的罪犯，实在是世事无常。老师你不妨先去蜀国，我到咸阳去探探风声，如果情势进一步变坏，我就到蜀国投奔老师。"

"咸阳，如今你怎么能去？"尸佼急道，"功名利禄都是身外之物，紧要关头，还是保命要紧。"

"老师放心，我不相信我治秦十八年，还没有人能够跟随我，保护我。"公孙鞅似乎对回咸阳的安全很有信心。

"好吧，你一路小心，实在不行的话，就想办法到蜀国来，我们师徒就在蜀地相见吧。"尸佼见劝阻不住公孙鞅，无可奈何地摇头而去。

可惜，公孙鞅还是想错了。次日，他率的大军中就有流言散布说，公孙鞅是罪犯，抓住公孙鞅的，新君有重赏。这消息一传十，十传百，军中竟开始发生骚乱，拥戴自己的士卒与抓捕自己的人马发生冲突，闹得兵戎相见。

公孙鞅见形势不妙，于是带领残部潜回商邑，计划举兵对抗新君，而新秦公嬴驷先发制人，派遣大军迅速攻打商邑，公孙鞅虽有不少亲信，但寡不敌众，最终仓皇而逃，几日下来，竟成了孤家寡人。

也不知逃了多久，天色深沉，前面似乎是一道关口，狼狈的公孙鞅腹中饥饿，决定在关隘之客

商鞅在逃亡过程中，被自己颁布的法令所困。

舍住宿一宿，明日再寻去处，于是下马上前对舍主道："店家，可有屋舍住宿一宿，顺便弄些吃的给我？"

舍主仔细打量公孙鞅一番，道："看先生像是赶路的客商，不知是否带有符条？"

"符条？"公孙鞅一愣，"要符条做什么？"

舍主无奈道："没有符条，那是住不成的！"

公孙鞅奇道："没有符条，为何住不成客舍？"

舍主没好气道："你是官府派来的暗探不成？我大秦游士律规定：游士居留而无凭证的，所在的县要罚一甲，居住期满一年，应加以诛责，有帮助秦人逃离国境的，要从户籍上除名，上造爵位以上的人还要罚做鬼薪，公士以下的刑罚则是去城旦。你没有符条，你说我怎么敢收留你？"

公孙鞅一怔，刚才情急之下忘了，舍主所说正是自己颁布的法令，若收留无官府凭证的旅客住宿，主人要与"奸人"同罪论处的。

一时间，悔恨、懊恼还是尴尬，都说不清了。公孙鞅哭笑不得，当时自己制定刑法的时候，严苛无情，一丝不苟，不想今日自己落难之时无处可栖，原因竟然是自己制定的法律条文，当真是搬起石头砸自己的脚了。

公孙鞅毫无办法，只得强忍疲惫、饥饿，一路向东，寻思跑到魏国边境，看能否寻找时机偷渡到魏国。

天蒙蒙亮的时候，饥寒交迫的公孙鞅终于到达了秦魏边境，这是一处相对安全的关卡，好不容易混过秦国的边卡之后，公孙鞅松了口气，不想越境还没有几步，一队魏国士卒忽然堵住了前路。

公孙鞅正欲夺路而走，忽听这队士卒中有人指着他道："公孙鞅，怎么穿着便装来到我魏国，难道是要羞辱我们魏军不成？"

这士卒曾参加秦、魏数次战役，见过公孙鞅，故而识得商君。

公孙鞅苦笑："岂敢羞辱，只因我为秦国新君所缉捕，故而逃难到此，如蒙魏国不弃，我自当面见魏王，禀明缘由，对各位必定好生感谢。"

那士卒长与士卒们嘀咕了几句，道："公孙鞅，你欺骗我魏将公子卬，掳杀我河西大军，今日你虎落平阳，我们兄弟也不想落井下石，你还是逃命去吧，但魏国的士卒，绝不会放一个仇人入境，我看你还是回秦国吧。"

公孙鞅见士卒长言辞颇为激烈，不免失望，又灵机一动道："即使我不能留足魏国，希望各位弟兄高抬贵手，我要到韩、赵两国去，先借道魏国，请诸位弟兄行个方便。"

为首的魏卒又嘀咕一阵，指着公孙鞅道："你本是秦国重臣，却是从我魏国逃去，对我魏国而言乃是叛逆之人，如今秦国追捕你，而你又要回到魏国避难，对我们不利，我们才不上当呢！你还是速速离境吧，别让我们抓你，那样大家都不好看。"

公孙鞅见对方主意坚决，只得无奈转回秦境，不幸正与追捕而来的一队秦兵相遇，公孙鞅奋力抵抗，终因寡不敌众，受伤被擒。

郑国的渑池，寒意萧瑟，公孙鞅被绑缚在刑场之中，公子虔代表秦君来行刑。

公子虔看着台上的公孙鞅，不由心中涌起一股复仇的快感："公孙鞅，前些年你不可一世，想不到你也有今天吧！"

公孙鞅使尽力气睁眼来看，见是公子虔，不由哈哈冷笑："我道是谁，原来是你一个废人！"

"你死到临头还敢嘴硬。"公子虔厉声指斥道。

"今日我公孙鞅死了，又有何妨，大秦以后的强盛，还是要感谢我公孙鞅！"公孙鞅有些伤感，又饱含自信道。

"你是谋反，如今新君即位，自然要改弦更张，岂能还用你的法子。"公子虔不屑道。

"公子虔，你说这话未免太早了，如果要秦国继续强大，傲视列强，那就一定要用我的治国之道。只有新法，才能强秦。"公孙鞅自信满满，他挣扎着继续道："嬴驷不是蒙昧之君，他一定能够明白，公孙鞅可以杀，新法却不可以废。"

公子虔再也不想听下去，"行刑，行刑！"

……

数日后，公孙鞅的尸体被运回咸阳，在咸阳的南门外示众。

待观看的人群渐渐散去，有一男子从一侧走将出来，叹息道："不想商君在秦变法十八年，竟落得如此凄惨下场"

又听一人道："杜成，商君立木取信，赏赐你五十金，得以治好母亲的病，咱不能没有良心。"

"刘叔说得对，现在看看我们秦国，还有谁敢欺负？这都是商君的功劳啊。"说这话的阿良和小武一同走出，还有刘叔一家人。

"我们找块地方，把商君遗体埋了吧，毕竟入土为安。"说这话的女子依靠着小武，生的柔柔弱弱，正是小武刚娶的媳妇，她脸上一副不忍的表情。

"嗯，大家一起来帮忙，把商君安葬了吧。"刘叔道。

天空中一片雪花飘落，众人一起忙碌着。

嬴驷在咸阳的大殿中认真翻阅公孙鞅新法的条文简册，半晌无语。在一侧的公子虔道："君上，公孙鞅定的这些条文我们怎么处置？"

嬴驷叹了口气道："我这几天想了好久，公孙鞅是被我们除掉了，但他这些法子，看不出有什么需要改变的。"

公子虔、甘龙、杜挚、公孙贾一惊，几个人互相看了一眼，都不敢言语。

"还是按公孙鞅的新法办吧！"嬴驷显然下定了决心。"公孙鞅虽然谋反，但对大秦还是有大功劳的。"

公子虔、甘龙、杜挚、公孙贾脸色有些难看，但也无可奈何。

嬴驷不久改称秦王，史称秦惠文王，他并没有废弃公孙鞅的变法，而是继续其父秦孝公确定的强秦路线，"商鞅虽死，而秦法未败"。秦国历经秦惠文王、秦武王、秦昭王、秦孝文王、秦庄襄王，传至秦王嬴政，嬴政奋六世之烈，终于在公元前221年，完成了统一六国的壮举。商鞅，作为中国历史上著名的政治改革家而留名史册。

商鞅虽死，其法却流传下来，最终使秦国完成了统一六国之壮举。

商鞅
生平简表

● ◎约周安王七年（前395）

生于卫国。

● ◎秦孝公元年（前361）

从魏国来到秦国，通过景监的推荐与秦孝公相见。

● ◎秦孝公六年（前356）

第一次变法。

●◎秦孝公十年（前352）

担任大良造。

●◎秦孝公十二年（前350）

秦国迁都咸阳，第二次变法。

●◎秦孝公十六年（前346）

刑公子虔、公孙贾。

●◎秦孝公二十一年（前341）

河西之战，俘虏魏将公子卬，封赏於、商十五邑，号商君。

●◎秦孝公二十四年（前338）

秦孝公病死，商鞅被杀。